PAUL LEFORT
(INSPECTEUR DES BEAUX-ARTS)

MURILLO
ET SES ÉLÈVES

SUIVI DU

Catalogue raisonné de ses Principaux ouvrages

Illustré de 22 Gravures.

PARIS

J. ROUAM & Cie, EDITEURS

14, RUE DU HELDER, 14

1892

pages coupées juil. 2014

MURILLO

ET SES ÉLÈVES

BORDEAUX. — IMPR. G. GOUNOUILHOU, RUE GUIRAUDE, 11
PARIS. — RUE DE RICHELIEU, 101.

MURILLO
ET SES ÉLÈVES

SUIVI DU

Catalogue raisonné de ses Principaux ouvrages

PAR

PAUL LEFORT

(INSPECTEUR DES BEAUX-ARTS)

Illustré de 22 Gravures.

PARIS

J. ROUAM & Cie, ÉDITEURS

14, RUE DU HELDER, 14

1892

LE SONGE DU PATRICIEN.

MURILLO
ET SES ÉLÈVES

I

L'Art chrétien, ou plutôt l'Art catholique et dévot, a peut-être trouvé en Murillo son expression la plus pénétrante et la plus sincère, en même temps que la mieux en harmonie avec ces goûts, ces appétits de mysticité maladive qui se sont emparés du catholicisme moderne. Les langueurs, les ravissements de ses Vierges d'une beauté si humaine, ses divins Enfants d'une grâce et d'une réalité si charnelles, ses saints pâmés en des adorations qui rappellent les plus nobles ivresses amoureuses, toutes ces créations aimables, troublantes, où s'est particulièrement complu le génie de Murillo, s'accordent en effet bien étroitement avec les aspirations d'une dévotion qui ne se croit récompensée qu'autant qu'elle a pu s'exalter, dans ses pratiques, jusqu'à nous ne savons quelles extatiques voluptés.

Pour les congrégations, pour les femmes, pour toutes les âmes tendres et ardentes, Murillo est et restera certainement le plus séduisant des peintres. Raphaël lui-même, le divin Raphaël, ne parlera jamais aux sens de la femme comme parle cet Espagnol au coloris chaud et frémissant, aux formes sensuelles et intensivement vivantes, qui ne craint pas de poursuivre l'exécution de sa pensée jusqu'à s'efforcer de rendre le tressaillement intérieur, jusqu'à traduire la sensation, l'émotion la plus délicatement subtile et raffinée.

Que nous voilà déjà loin de cette foi ardente, toujours hautaine, souvent rude et menaçante, qu'ont si souvent exprimée dans leurs ouvrages les Joanès, les Vargas, les Moralès, les Greco, et encore tant d'autres peintres, jusqu'à Pacheco et jusqu'au farouche Herrera le Vieux, qui remplissent le xvie siècle ou commencent le xviie! C'est qu'une évolution profonde dans les pratiques dévotes vient justement de s'accomplir. Les Pères Jésuites ont conquis et transformé l'Espagne religieuse, et Philippe IV, trois mois avant la naissance de Murillo, a placé solennellement ses royaumes sous l'invocation d'un nouveau mystère : *la Conception sans péché*. Autre signe des temps : Doña Teresa de Cepeda y Ahumada, canonisée depuis trois ans sous le nom de sainte Thérèse de Jésus, dispute à saint Jacques de Compostelle — *Santiago matamoros!* — l'honneur du patronat céleste de toutes les Espagnes[1]. L'ère des adorations des *Immaculées Conceptions* commence : Murillo

---

1. Cette singulière question du *Compatronato* souleva de grosses querelles, tout à la fois religieuses et littéraires, auxquelles prirent part nombre de théologiens et de beaux esprits : Quevedo, notamment, écrivit un *Mémorial*, où il prit chaleureusement la défense de saint Jacques, menacé ou amoindri dans sa légitime possession d'état. Exaspéré par les réponses de ses adversaires, Quevedo finit par les défier tous en champ clos. Pacheco — un manuscrit de sa main resté inédit en fournit la preuve — s'était rangé du côté des fanatiques de sainte Thérèse.

vient au monde; il sera, par excellence, le peintre de la « dévotion aimable ».

Passée presque tout entière à l'ombre des cloîtres et des églises de Séville, et tout entière employée à peindre, la vie de Murillo n'offre point de particularités romanesques. Elle fut simple et grave comme son caractère, aimable et candide comme son talent. C'est à Séville, dans une petite maison de la *calle de las Tiendas,* louée par son père pour la durée de deux vies, et appartenant aux moines du couvent de San Pablo, que naquit, très probablement le 31 décembre 1617, Bartolome Esteban Murillo, car il fut baptisé le lendemain, 1er janvier 1618; l'acte en subsiste sur les registres de la paroisse de la Magdalena. Son père, un artisan, y est nommé Gaspar Esteban, véritable nom patronymique de la famille; sa mère s'appelle Maria Perez. Comment prit-il le nom de Murillo? Une de ses aïeules paternelles le portait, sa propre tante s'appelait Anna Murillo, et lui-même, dans plusieurs actes authentiques, passés à diverses époques de sa vie, nomme souvent sa mère Maria Murillo, ou Morillo indifféremment. L'enfance de Murillo s'écoula dans la maison de la calle de las Tiendas. A dix ans, il était orphelin et placé sous la tutelle de Juan Antonio Lagarès, chirurgien de son office et mari de sa tante.

Il ne paraît pas que ce tuteur ait entravé en rien la vocation de l'enfant, que la tradition, toujours en pareil cas un peu suspecte, représente comme se trahissant dès cette époque par une véritable rage de croquis. Toujours est-il que de très bonne heure, Murillo entrait à l'atelier de Juan del Castillo pour y apprendre les premiers rudiments de l'art. Castillo avait alors pour élèves Alonso Cano, Pedro de Medina

Valbuena, Andres de Medina et encore Pedro de Moya; tous ont marqué, quoique à un degré inégal, dans l'histoire de l'école. Castillo imposait à ses élèves de solides études; Murillo dessina et peignit beaucoup d'après le modèle; il brossa aussi nombre de ces *sargas,* sortes de toiles écrues, préparées pour recevoir de vastes compositions décoratives, exécutées à l'aide d'un mélange de colle et de couleurs broyées à l'eau, procédé qui exige une pratique habile en même temps qu'un dessin rapide et sûr. A Séville, c'était du reste une tradition chez les maîtres d'astreindre longtemps leurs élèves à la peinture de ces *sargas* : c'est sans doute à cet apprentissage que Murillo a dû sa facilité, son aisance incomparable à tout peindre, et c'est peut-être là qu'il faut chercher le secret de sa fécondité.

En l'année 1640, quand le disciple comptait à peine vingt-deux ans, Castillo quittait Séville pour aller demeurer à Cadix. Murillo, abandonné à sa propre direction, n'eut d'autre ressource que de travailler pour les acheteurs de la *feria*. Séville était encore à cette époque le grand centre commercial où venaient s'approvisionner les trafiquants avec les possessions nouvelles de l'Espagne dans les Amériques. La *feria*, sorte de marché toujours ouvert, et les expositions en plein air sur les degrés de la cathédrale, permettaient aux artistes pauvres, ou encore peu renommés, de vendre pour ces contrées lointaines les produits plus ou moins hâtifs de leurs pinceaux; de toute nécessité, il fallait plaire au goût du *pacotilleur*, faire prestement, remanier quelquefois à fond et, au besoin, séance tenante. C'était là une rude et dangereuse besogne, et Murillo, avec ses aptitudes naturelles et sa grande habileté de main, y eût certainement corrompu, gâté à tout jamais son jeune talent si l'arrivée à Séville de son camarade d'atelier, Pedro de

PORTRAIT DE MURILLO.
(D'après la gravure de Richard COLLIN.)

Moya, qui retournait d'Angleterre et des Flandres, où il avait été admis comme élève par Van Dyck, ne fût venu lui inspirer une résolution salutaire. Moya communiqua à Murillo ses études et ses copies d'après Van Dyck et Rubens. Indécis jusqu'ici sur un parti à prendre, Murillo n'hésite plus. Sa pauvreté seule lui est un obstacle à ce que, comme son condisciple, il aille par delà les mers, en Italie, en Angleterre ou dans les Flandres, étudier chez eux ces maîtres qui le ravissent et qu'il veut imiter : son énergie lui créera des ressources. Il achète une pièce de toile, l'imprime, la coupe en morceaux, les couvre de sujets variés aussitôt offerts aux armateurs des Indes, et avec l'argent qu'il en tire, il quitte Séville et se rend à Madrid. Là devait se borner son voyage. Velazquez, en possession depuis vingt ans déjà de la brillante fortune que lui avait si rapidement méritée son prestigieux talent, accueillit à merveille son jeune compatriote; il lui offrit sa maison, lui donna des conseils et le mit tout de suite à même d'étudier les superbes ouvrages que renfermaient l'Alcazar, le Buen-Retiro et l'Escurial. Pendant près de trois ans, Murillo ne fit que peindre d'après les maîtres qui avaient ses préférences. Tour à tour il copia Titien, Rubens, Ribera et surtout Van Dyck et Velazquez. C'est de ce labeur fécond, énergiquement entrepris et vaillamment soutenu, que se dégagera son propre génie; avant l'époque de son voyage à Madrid, l'élève de Castillo ne possède véritablement ni originalité ni caractère; désormais — et l'on peut suivre cette curieuse transformation pas à pas, à travers une première période de près de dix ans — il s'émancipera des admirations qui l'ont conquis et comme subjugué, pour se produire finalement dans son incontestable et puissante individualité.

Murillo revint à Séville en 1645, c'est-à-dire peu après la chute du pouvoir du comte-duc d'Olivarez. Un moment Velazquez avait paru craindre que Philippe IV ne lui retirât ses bonnes grâces; sincèrement attaché au comte-duc et ne cachant pas sa douleur, le grand peintre pouvait être atteint par la disgrâce du puissant ministre. Murillo trembla pour son protecteur. Heureusement, Philippe IV eut le bon esprit de pardonner à l'artiste ce qu'il n'eût peut-être pas toléré du courtisan; mais Murillo, âme simple, toute vouée à l'amour du travail et aux seules ambitions de son art, n'eut plus un instant le désir de séjourner à Madrid. Séville, son délicieux climat, ses parents, ses amis, tous les chers souvenirs de sa jeunesse le rappelaient et le sollicitaient; pour regagner ce séduisant milieu, l'humble et doux Murillo dut, ce semble, dire un facile adieu aux périlleuses grandeurs de la cour.

Plus tard, après la mort de Velazquez et de Philippe IV, quand Murillo fut nommé par Charles II *pintor de camara* et sollicité par le Roi de venir s'établir à Madrid, se souvint-il encore des douloureuses angoisses qui avaient autrefois assailli Velazquez? Toujours est-il que les plus vives instances du monarque ne purent le décider à quitter Séville.

Un travail considérable, son premier en même temps, marque tout de suite le retour de Murillo dans sa ville natale. Les religieux franciscains lui avaient confié, non cependant sans quelque hésitation, la décoration de leur petit cloître. En 1646, l'artiste terminait le onzième tableau de cette décoration, dont trois morceaux sont plus particulièrement célèbres : la *Cuisine des Anges*, de notre musée du Louvre; la *Mort de sainte Claire*, qui a passé par les galeries Aguado et

Salamanca; et le *San Diego avec les pauvres,* que conserve l'académie de San-Fernando, à Madrid.

Ainsi que l'a écrit Cean Bermudez, et comme tant d'autres critiques l'ont répété à sa suite, Murillo a-t-il voulu, dans ces trois ouvrages, montrer qu'il pouvait à son gré imiter chacun des maîtres si amoureusement étudiés par lui à Madrid? La *Sainte Claire* rappelle-t-elle donc Van Dyck; le *San Diego,* Velazquez, et la *Cuisine des Anges,* Ribera? C'est là une assertion que l'étude attentive de ces trois tableaux rend difficilement acceptable, au moins dans sa forme absolue. Sans doute, la *Cuisine des Anges,* traitée dans un parti pris de clair-obscur, où les noirs dominent dans les ombres et fournissent des oppositions aux parties lumineuses, peut rappeler l'artifice familier à Ribera : ce n'est pas là une preuve suffisante pour établir une assimilation voulue, intentionnelle. D'ailleurs, dans ce tableau, comme dans la *Sainte Claire,* comme dans le *San Diego,* il y a certainement quelque chose de tous les maîtres; Murillo tâtonne et se cherche au milieu de souvenirs trop vivaces; il mêle confusément la grâce de Van Dyck aux contrastes de Ribera, l'éclat des teintes de Rubens aux gris discrets de Velazquez : c'est une fusion de styles, de manières, mais ce n'est pas encore son style, sa manière propre. Au surplus, et il faut le reconnaître, ces trois morceaux sont faibles, Murillo les a composés gauchement et mal pondérés comme groupes; il y a au moins deux tableaux dans la *Cuisine des Anges;* et, dans la *Sainte Claire,* aussi bien que dans le *San Diego,* l'artiste a donné une importance et une valeur trop égales à tous ses personnages; or, là où manquent les sacrifices, il ne saurait y avoir d'unité. Le coloris compris par trop larges surfaces, principalement dans les draperies, est plat partout; le clair-obscur manque de profondeur; enfin, les ombres, encore insuffisamment dégradées, font tache dans la toile, en enlevant toute justesse aux plans. Mais, à côté de ces tâtonnements et de tant d'imperfections, il est aussi des qualités qui se font puissamment jour.

SAN DIEGO DE ALCALA AVEC LES PAUVRES.
(Collection de l'Académie de San-Fernando.)

On devine la présence d'un maître qui cherche à s'affirmer et dont il n'est déjà plus possible de méconnaître la valeur propre.

Dans ces premières productions, les chairs, les nus, les physionomies appartiennent à cette réalité naïve et vraie et à cette grâce aisée, désinvolte, que Murillo saura toujours si bien communiquer à ses figures. Rien de plus frais, de plus aimable que ces anges, cuisiniers divins, qui font reluire les bassins de cuivre, ravivent les fourneaux, pilent l'ail ou apportent, dans des couffes de sparterie, des légumes et des victuailles.

A Séville, l'émotion fut grande après que Murillo eut achevé ces premiers ouvrages. Ils lui donnèrent d'ardents admirateurs et les commandes arrivèrent de toutes parts. Avec la réputation vint l'aisance; Murillo put songer à se marier. Il épousa en 1648 doña Beatrix de Cabrera y Sotomayor, de la ville de Pilas. Cette union, résultat de convenances réciproques chez les deux époux, fut heureuse. Un premier enfant, Gaspar Esteban, leur naquit en 1661. Avec deux autres, une fille et un garçon, Francisca et Gabriel, nés à quelques années de distance, ce fut là toute la postérité du maître. Particularité notable, les deux fils, après que l'aîné se fut essayé un temps à la peinture, entrèrent dans les ordres, et la fille prit l'habit en 1675, au couvent de la Mère de Dieu, de Séville. Cela seulement suffirait à prouver que l'intérieur de l'artiste dut être des plus pieux.

L'année 1652 marque un nouveau progrès dans le talent de Murillo : il achève pour le grand cloître des Franciscains une *Conception, avec un religieux écrivant sur ce mystère.* Ce tableau — donné au couvent par la confrérie de la Vera Cruz — lui fut payé 2,500 réaux, somme déjà très respectable pour l'époque. En poursuivant l'ordre chronologique, nous arrivons aux commandes de D. Juan Federigui, archidiacre de Carmona, qui offre en 1655, au chapitre de la cathédrale, « des ouvrages du meilleur peintre qu'il y eût alors à Séville, » pour employer les termes mêmes de l'acte notarié de cette donation. Ces ouvrages, acceptés avec empressement par le chapitre, étaient le *Saint Isidore* et le *Saint Léandre,* représentés assis, plus grands que nature, revêtus d'habits pontificaux, et qui sont encore placés dans la sacristie de la cathédrale. Cean Bermudez constate que le *Saint Léandre* est le portait du licencié Alonso de Herrera, *apuntador* du chœur, et *Saint Isidore*, celui du licencié Juan Lopez Talavan. L'un et l'autre portrait sont des morceaux superbes.

C'est de l'année suivante, c'est-à-dire de 1656, que date le fameux *Saint Antoine de Padoue*, de la chapelle du Baptistère de la cathédrale de Séville. Nous abordons une nouvelle période, et celle-là est incontestablement magistrale; mais avant d'analyser toutes les belles pages qui vont maintenant, comme autant de triomphes, illustrer chacune des années de la vie de Murillo, résumons son œuvre antérieure.

Que, jusqu'à cette année 1656, Murillo ait déjà beaucoup produit, ceci ne saurait faire doute, et sans grandes recherches nous pourrions énumérer une cinquantaine d'ouvrages tous antérieurs à cette date et figurant aujourd'hui dans les grandes collections, soit publiques, soit particulières. A cette première époque, en effet — celle que nous appellerions volontiers la période d'amalgame et de tâtonnement, où l'artiste cherche à dégager son originalité, progressant chaque jour et affirmant chaque jour davantage son étonnante faculté à s'assimiler, jusqu'à les faire absolument siennes, les qualités les plus opposées des maîtres qu'il s'est proposés pour modèles — appartiennent la *Vierge au Chapelet,* du Louvre; l'*Extase de saint François*, de l'académie de San-Fernando ; les *Brigands arrêtant un religieux* et l'*Apothéose de saint Philippe*, de l'ancienne galerie Soult; enfin, l'*Adoration des bergers* et la *Sainte Famille à l'oiseau*, du musée de Madrid. Nous bornerons notre énumération à ces quelques productions vraiment typiques auxquelles il convient cependant d'ajouter quelques-uns de ces sujets — d'un naturalisme parfois un peu trivial — que caractérisent suffisamment le *Pouilleux* du Louvre, la *Galicienne à la monnaie* du musée de Madrid, et encore presque tous ces joyeux *muchachos*, à la mine éveillée et friponne, dont on rencontre d'assez beaux exemplaires à l'Ermitage, au Dulwich-College, à Dresde et à Munich.

Nous rejetons bien loin la division, aussi arbitraire que fausse, sous laquelle les biographes de Murillo ont essayé de ranger ses productions : les styles *froid, tempéré, chaud,* ou *vaporeux,* considérés comme autant de transitions, n'existent que dans l'imagination de ces critiques. Au fond, Murillo n'a qu'un style, bien qu'il ait plus d'une manière. De ceci que pour certaines compositions d'un ordre plus élevé, pour ses apparitions, ses extases, ses Vierges glorieuses, Murillo, entr'ouvrant hardiment les cieux, illumine ses toiles de cette éblouissante lumière, pareille à de la poussière de soleil, qu'aucun autre, avant et après lui, n'a jamais rendue avec autant d'éclat, de splendeur et d'harmonie, s'ensuit-il que ce parti pris, inspiré par ce qu'on pourrait appeler une convenance locale, constitue et doit être qualifié un style? Mais d'ailleurs, à quoi bon ces discussions inutiles, alors qu'il n'est plus permis d'ignorer que ces manières sont toutes trois, et parfois même simultanément employées par l'artiste, virtuose habile qui se joue des difficultés et veut, avant tout, faire briller sous toutes ses faces, mais en les adaptant toujours aux convenances de son sujet, les attrayantes diversités de sa prestigieuse exécution.

II

Non seulement le *Saint Antoine de Padoue* affirme, en Murillo, la première manifestation d'une originalité qui — chaque fois plus puissante et plus sûre d'elle-même — va procéder désormais comme par grands coups d'ailes; mais cet ouvrage, adorable poème de sentiment et d'expression intense, nous révèle encore un des caractères, et celui-là le plus personnel, du génie de l'artiste, génie fait de grâce, de charme, de spontanéité et de candeur, unis à ce sentiment de mysticité tendre et passionnée où l'élan amoureux de la créature se confond quelque peu avec l'adoration pour le créateur.

Déjà, dans la *Mort de sainte Claire,* comme dans la *Cuisine des Anges,* se pouvait constater chez le peintre la rare faculté d'allier étroitement le surnaturel aux êtres et aux objets tangibles et de faire accepter, dans un même sujet, l'introduction de l'incréé et de la vision céleste au milieu même des actions les plus naïves et des plus humbles familiarités de la vie réelle; or, dans le *Saint Antoine de Padoue,* cette faculté éclate, magistrale, décisive, et telle qu'elle ne rencontre de rivale dans aucun temps et dans aucune autre école. Sans doute, avant et depuis Murillo, d'autres artistes ont prouvé autant de foi; mais, cette foi, ils l'ont exprimée autrement, et nul, que nous sachions, ne l'a traduite avec sa tendresse, son charme victorieux et surtout avec une plus convaincante sincérité.

Dans cette donnée créatrice, typique chez Murillo, de l'union de choses en apparence aussi opposées, on ne sait vraiment qu'admirer le plus, ou de ce franc tempérament de peintre, si instinctivement réaliste, si curieusement naturel et vrai, ou de l'inspiré dont la foi ardente ne craint pas de donner un corps à ses visions, toutes remplies qu'elles soient d'apparitions célestes et d'éblouissements paradisiaques. Avec Murillo, on peut s'élancer sans crainte jusque dans les apocalypses; les cieux n'ont pas de mystères; toujours un coin d'humanité nous ramène à la terre; l'apparition, le rêve, la vision, le miracle enfin acquièrent en quelque sorte l'autorité indiscutable et saisissante du fait; la légende dorée, que raconte l'artiste, devient pour nous comme de l'histoire.

Qu'on nous permette d'emprunter au pittoresque *Voyage en Espagne* de Th. Gautier quelques lignes écrites en face du *Saint Antoine de Padoue,* lignes toutes chaudes d'un enthousiasme que l'auteur ne désavouait pas, bien longtemps après la première impression reçue. « Jamais, dit Gautier, la magie de la peinture n'a été poussée plus loin. Le saint en extase est à genoux au milieu de sa cellule, dont tous les pauvres détails sont rendus avec cette réalité vigoureuse qui caractérise l'école espagnole. A travers la porte entr'ouverte, on aperçoit un de ces longs cloîtres blancs, favorables à la rêverie. Le haut du tableau, noyé d'une lumière blonde, transparente, vaporeuse, est occupé par des groupes d'anges, jouant d'instruments de musique, d'une beauté vraiment idéale. Attiré par la force de la prière, l'enfant Jésus descend de nuée en nuée et va se placer entre les bras du saint personnage, dont la tête est baignée d'effluves rayonnantes et se renverse dans un spasme de volupté céleste. Nous mettons

SAINT ANTOINE DE PADOUE.
(Cathédrale de Séville.)

ce tableau divin au-dessus de la *Sainte Élisabeth de Hongrie pansant un teigneux,* qu'on voit à l'Académie royale de Madrid, au-dessus du *Moïse,* au-dessus de toutes les Vierges et de tous les enfants Jésus du maître, si beaux, si purs qu'ils soient. Qui n'a pas vu le *Saint Antoine de Padoue* ne connaît pas le dernier mot du peintre de Séville. C'est comme ceux qui s'imaginent connaître Rubens et qui n'ont pas vu la *Madeleine* d'Anvers! »

Il n'y a rien d'excessif dans cette impression si vive et si éloquemment traduite. Pourtant le *Saint Antoine de Padoue* n'est pas absolument, comme le dit Th. Gautier, le dernier mot de Murillo, et il nous faut encore lui laisser toute la responsabilité de ses comparaisons, ou de ses préférences, entre les divers ouvrages du maître. Il est, à notre avis, plus d'une autre page qui égale et surpasse le *Saint Antoine de Padoue.*

L'étonnante aptitude de Murillo à traduire le merveilleux ne s'est jamais élevée plus haut que dans les deux compositions qu'il peignit en 1665, à la demande de son ami, le riche prébendier de la cathédrale, don Justino Neve.

Voulant faire à l'église de Santa-Maria-la-Blanca, où l'on adore la Vierge sous la poétique invocation de *Notre-Dame-des-Neiges,* l'inestimable don de quelques ouvrages du maître, le bon chanoine lui donna pour thème la pieuse légende relative à l'édification de Sainte-Marie-Majeure, à Rome : de là, les célèbres *medios puntos,* comme on les désigne en Espagne, deux magnifiques chefs-d'œuvre. Apportées à Paris au temps de la guerre d'Espagne, restaurées au Louvre, puis curieusement serties dans des passe-partout décorés, sous la direction de l'architecte Percier, de camaïeux figurant les attributs de la papauté, des trophées d'armes antiques et des médaillons où sont dessinés les façades et les plans successifs de la vieille basilique, ces deux toiles, cintrées du haut, parce qu'elles occupaient autrefois des tympans, se présentent aujourd'hui, à cause des passe-partout dont les a dotés

Extase de saint François.
(Académie de San-Fernando.)

l'Empire, sous la forme rectangulaire. Elles font maintenant partie du précieux musée de l'Académie de San-Fernando dont le catalogue leur donne les titres suivants : *le Songe du patricien* et *la Révélation du songe du patricien*.

La première composition, *le Songe* (voir p. 5), représente le patricien et sa femme endormis, sans doute à la suite de quelque longue et pieuse veille, mais d'un sommeil surnaturel; le mari dort, accoudé à une table, recouverte d'un tapis rouge, bordé d'une large bande de velours cramoisi, sur lequel sont jetés un livre et un bout de linge blanc. Grave et recueillie, la belle tête du patricien est illuminée des reflets de la vision qui visite son rêve; son vêtement de dessus, de couleur sombre, dont il retient les plis d'un geste plein d'abandon; son pourpoint, d'un jaune profond, relèvent et font admirablement valoir les tons pâles, le modelé exquis et l'expression délicate du visage. Un peu en arrière, la tête reposant sur la main qui laisse échapper un pan de voile blanc, vêtue d'un corsage rouge éteint, garni d'épaulettes roses, à crevés, laissant passer une manche verte, la femme du patricien sommeille gracieusement affaissée au bord d'un lit, dont les étoffes et les tentures, aux teintes chaudes et puissantes, fournissent un énergique repoussoir aux parties claires ou à demi claires des plans avancés du tableau. Aux pieds de sa maîtresse, un petit chien blanc de la Havane se pelotonne dans les plis d'une jupe d'un rouge ponceau glacé de rose vif; une corbeille d'osier, remplie d'étoffes roses et blanches, est posée à terre, près d'un pilastre séparant l'édifice où se passe cette scène d'un coin de paysage à peine éclairé des vagues lueurs du matin. En haut, un peu à gauche, formant un groupe aérien d'une légèreté, d'une fraîcheur et d'une vivacité de tons qui contrastent avec les parties inférieures du tableau, savamment maintenues dans une gamme assourdie et toutes pleines de mystérieuses profondeurs, apparaît, supportée sur de légers nuages, la Vierge tenant l'enfant Jésus et désignant de la main, aux deux époux, la colline où devra s'élever son nouveau sanctuaire.

La seconde composition, la *Révélation du songe* (voir p. 69), où l'artiste nous montre le patricien et sa femme racontant leur vision au pape Liberio, n'est pas moins admirable que la première. Placé sous un dais de velours cramoisi et assis sur un fauteuil rouge exhaussé sur une estrade recouverte de tapis d'Orient, le pape prête une attention admirative au récit des époux ; près du fauteuil, une table drapée de velours d'un vert profond, à crépines d'or, fournissant un premier plan d'une grande vigueur, fait admirablement ressortir les valeurs rouges variées des tentures, des tapis, du costume du pape et les chaudes ombres qui, tombant du dais, enveloppent le saint-père en ménageant tout l'effet lumineux sur les autres personnages placés plus au centre du tableau. En avant de l'estrade, un genou plié, la toque dans la main gauche, le patricien fait son récit qu'accentue le geste éloquemment affirmatif de sa main droite ; son costume, composé d'un manteau noir s'agrafant sur la poitrine et d'un justaucorps de velours tanné, bordé de fourrures, s'harmonise et se relie avec la masse des tons chauds de la partie gauche de la scène. A la droite du patricien, en pleine lumière, sa femme, pieusement agenouillée, semble attester par la pose de ses belles mains la réalité de l'apparition ; elle est vêtue d'un corsage jaune paille, découvrant un vêtement intérieur de satin blanc glacé de tons d'un gris bleu indéfinissable, et d'une jupe couleur de rose passée, nuancée à ravir. En retour de ce groupe, un vieux prélat portant un camail violet s'appuie d'une main sur une béquille et, de son autre main, ajuste sur son nez une paire de besicles. Sa physionomie très fine exprime une attention profondément éveillée. Enfin, un quatrième personnage, placé en arrière de la femme et du prélat, un moine brun, écoute également avec intérêt. Une riche architecture, vivement éclairée, sert de fond à cette partie du tableau. Cette scène se passe sous le portique d'un palais s'ouvrant à droite sur un vaste horizon. De ce côté se déroule, sur des plans lointains, éclatants de lumière, une longue file de prélats et de prêtres, accompagnant processionnellement le pape et s'avançant vers la colline, toute blanche de neige, au-dessus de laquelle apparaît la Vierge, guidant elle-même les fidèles vers le lieu où elle a marqué l'emplacement de son temple. Tout ce côté de la composition, baigné comme il l'est d'effluves éblouissants, donne la sensation d'un jour d'été torride, accablant, faisant ressortir le contraste de la neige non encore fondue sur la colline.

Clarté du sujet, simplicité et convenance dans l'arrangement des personnages, attitudes justes, expressions fines, distinguées, pénétrantes, dessin superbe de correction, de vie, de vérité, Murillo a, dans ces deux belles pages, fait preuve des qualités les plus absolument magistrales. Malgré leurs doubles actions, malgré l'anachronisme des costumes, malgré quelques détails familiers, ces compositions, si naïvement réalistes pourtant, grandissent et s'élèvent jusqu'à atteindre le style. Le style! c'est là, nous n'aurons garde de le méconnaître, un mot bien ambitieux et bien hardi s'appliquant à un maître qui, le plus souvent, n'est guère qu'un délicieux peintre de genre disposant ses groupes, ses lignes, sans grand souci des nobles ordonnances et des savantes pondérations. Mais puisque le mot y est — et bien qu'il soit plutôt d'usage, dans la critique grave, de le réserver pour les compositions classiquement poncives, ennuyeuses et trop souvent mal peintes, — nous en maintiendrons la justesse. Après tout, le

LA VIERGE APPARAISSANT A SAINT BERNARD.
(Musée de Madrid.)

beau, le grand, le sublime, ne sont pas exclusivement du domaine de ce qui n'est pas vivant et vrai; ils peuvent fort bien s'allier et se sont alliés quelquefois à ce qui est vivant et vrai, et, dans ses superbes *medios puntos,* Murillo le prouve.

Quant à la magnificence, à la vigueur, à la grâce de leur coloris, ces toiles n'ont d'égales que parmi les plus belles œuvres de Van Dyck, de Rubens ou de Velazquez. Murillo donne ici toute la mesure de sa science à disposer ses masses de clairs et d'ombres, à les fondre et à les unir par des dégradations insensibles, transitions si délicatement ménagées qu'elles paraissent à peine perceptibles; il nous y révèle tout son art infini à manier les tons, à les faire jouer, s'appeler et se répondre en assonances harmonieuses, à les faire valoir par des oppositions savantes, parfois encore à les faire vibrer par de spirituelles oppositions. L'air, la lumière circulent partout, enveloppant bien ses personnages; ses touches sont larges et fières; ses accents fins, délicats, choisis; ses tons, vigoureux et chauds dans les ombres et fins dans les demi-teintes, éclatent, frais comme des fleurs, dans les parties lumineuses : l'ensemble donne pour résultat une admirable, une opulente symphonie.

Indépendamment des *medios puntos,* Murillo avait peint, toujours aux frais de D. Justino Neve, deux autres tableaux aussi de forme cintrée, qui occupent encore les nefs latérales de Santa-Maria-la-Blanca : l'un représente une *Conception,* et l'autre la *Foi.* Une *Mater dolorosa* et un *Saint Jean évangéliste,* également de Murillo, décorent la chapelle du Saint-Sacrement.

La *Nativité de la Vierge,* le plus beau Murillo que possède notre musée du Louvre, daterait, d'après quelques auteurs, de 1655 ; il aurait appartenu à la cathédrale de Séville. Son exécution, absolument identique à celle des *medios puntos,* nous porte à croire qu'elle est postérieure de dix ans au moins à l'époque indiquée. Peut-être encore que Murillo aura traité deux fois ce même motif, et rien ne fait alors obstacle, la provenance du tableau du Louvre étant demeurée incertaine, à ce que l'un ait été peint en 1655, et le second de 1665 à 1670.

C'est, en tout cas, un admirable morceau de coloriste. Sa tonalité générale, puissamment soutenue, repose sur des rouges violents, profonds, dans les premiers plans et dans les ombres, orangés, dans le voisinage des clairs, légèrement passés, dans les parties lumineuses, rappelés habilement ou reliés entre eux par des violets, des roses pâlis ou carminés, pour aboutir enfin à des tons lilas, puis gris lilas, puis vert tendre, du plus piquant effet. Toutes les valeurs rouges, fondues et comme noyées vers le centre et le haut du tableau dans une masse de lumière vaporeuse et chaudement ambrée, produisent un ensemble d'une étonnante richesse qui évoque immédiatement le souvenir de cette autre merveille de couleur, où les rouges jouent un si puissant rôle : les *Fileuses,* de Velazquez.

Nous rattachons à cette même période, 1665 à 1670, la *Vierge à la ceinture (la Virgèn de la faja),* autrefois dans la galerie espagnole du roi Louis-Philippe et à présent au palais du duc de Montpensier, à Séville; le *Saint Ildefonse recevant la chasuble de la main de la Vierge; Rebecca et Eliezer;* le *Saint Bernard en extase;* la *Conversion de saint Paul;* la *Vision de saint Augustin,* morceaux de premier ordre appartenant au musée de Madrid, et encore cette *Vierge au rosaire,* du même musée, incontestablement un des chefs-d'œuvre du maître. La grande *Sainte Famille*, du musée du Louvre, nous paraît également avoir été exécutée vers ce même temps. Joignons encore à cette nomenclature, qu'il nous faut borner aux ouvrages les plus typiques, les quatre portraits de forme ovale des saints archevêques de Séville, le *Saint Herménégilde*, le *Saint Ferdinand*, le tableau des *Saintes Rufine et Justine*, représentées à mi-corps, et enfin une des éclatantes *Conceptions*, œuvres d'une exécution magistrale, qui continuent d'orner la salle capitulaire de la cathédrale de Séville, pour laquelle elles furent peintes au cours des années 1667 et 1668.

Ce serait peut-être aussi autour de cette même date de 1670 qu'il conviendrait de classer quelques-uns de ces sujets d'enfants, au moins les plus fermes et les plus serrés de facture, où Murillo s'est tant complu, pour la plus grande satisfaction de la dévotion féminine, à représenter tantôt l'Enfant-Dieu en *Berger divin*, comme dans le tableau du musée de Madrid; tantôt *Saint Jean-Baptiste*, jeune ou adolescent, et souvent tous les deux réunis, comme dans ce joyau de coloris qu'on appelle — sur le catalogue du musée de Madrid, — *les Enfants à la coquille (los Niños de la concha)*, où le fils de Marie, d'un geste royal, offre à boire dans un coquillage à son petit compagnon, à demi prosterné, comme tout pénétré de reconnaissance.

III

La galante et dévote Séville du xviie siècle n'avait pas manqué d'accepter avec un enthousiasme passionné le dogme nouveau de la Conception immaculée. Tous ses artistes, tous ses peintres traitèrent à l'envi ce sujet de la Vierge devenant mère, pourtant si peu en harmonie, ce semble, avec les matérialités et les exigences des arts plastiques. Eh bien! ce thème rebelle, Murillo s'en est cependant emparé et l'a rendu avec un élan, une supériorité, un bonheur de forme et d'expression qui lui ont justement mérité chez ses compatriotes le titre de *Pintor de las Concepciones*. Murillo a été, en effet, et restera le peintre en toute excellence de la *Conception immaculée*.

Sa Vierge, toujours rayonnante de jeunesse et de grâce, vêtue d'une tunique blanche, aux plis amples, et drapée d'un manteau couleur d'azur, s'envole dans les cieux, mystérieuse et pure comme les régions éthérées qu'elle traverse, emportée dans un ruissellement de lumière.

Une ivresse vraiment divine illumine son visage; toute son âme ravie a passé dans ses yeux, levés en haut, noyés d'une langueur humide. Sa chevelure, que l'air caresse et emmêle, ondoie sur ses épaules, faisant à sa belle tête, un peu renversée, la plus adorable des auréoles. La bouche s'entr'ouvre, les lèvres frémissent. Sous la tunique, le sein se soulève et bat, car de mignonnes mains, des mains d'enfant, chastement croisées, le contiennent. L'attitude ployée, l'expression, le tressaillement de ce beau corps, tout le dit : c'est là l'extase. Enivrant comme une fumée d'encens, ce poème d'amour mystique semble, ainsi rendu, le commentaire de cette troublante définition que sainte Thérèse a donnée du ravissement de l'être « qui va peu à peu mourant aux choses extérieures, perdant les sens et vivant seulement à Dieu ».

A cette traduction audacieuse Murillo met tout son génie, tout le feu de son sang d'homme du Midi, et là est le péril. Il y tombe, forçant un peu l'expression, mais atteignant par contre au plus haut degré de poésie sensuelle.

Et par là, Murillo est bien de son temps, d'un temps qui a changé le repentir en pénitences faciles, en expiations aimables; qui aime les pompes mondaines d'un culte riant, les églises décorées avec magnificence, les statues de la Vierge parées de bijoux et d'étoffes somptueuses. Au musée de Madrid, on voit du maître une composition bien caractéristique : le *Jubilé de saint François*. Aux épines mêmes qui ont servi aux flagellations du saint, les anges font épanouir des roses qu'ils répandent joyeusement à travers la cellule. La dévotion espagnole goûtait fort une telle invention. Elle se reconnaissait dans la religion ainsi traduite.

Sans parler des répliques sorties des mains de ses élèves, souvent revues par le maître et retouchées d'un accent, d'un rehaut, Murillo a peut-être peint plus de vingt fois la *Conception*. Nous ne mettons pas tant d'originaux sur une même ligne. Le musée de Madrid en possède deux qui sont superbes, et Séville en a gardé d'admirables, notamment la *Conception*, dite *la Perla*, du Musée provincial.

Celle du Salon Carré du Louvre, acquise à un si haut prix lors de la vente Soult, avait été enlevée à l'église de *los*

L'Adoration des Bergers.
Musée de Madrid.

Venerables, de Séville. La date de son exécution est 1678. Sous le rapport de la distinction des colorations, cette *Conception* est inférieure, malgré la beauté et la grâce des chérubins qui font à la Vierge un si riant cortège, aux exemplaires de Séville et de Madrid. C'est que cette toile a souffert des retouches et que les tons bleus du manteau, bien moins délicats et bien moins transparents que les beaux tons d'aigue-marine plus heureusement employés ailleurs, ont été lourdement *remontés.*

Si, pour les grandes décorations, nous obéissons à l'ordre chronologique, nous ne saurions cependant nous y astreindre pour tous les ouvrages isolés que son intarissable fécondité permit à Murillo de produire, même au milieu de ses plus vastes travaux. Encore, parmi ces ouvrages isolés, ne pouvons-nous décrire que quelques rares morceaux.

L'*Annonciation,* cataloguée au musée de Madrid sous le n° 867, et acquise par Philippe V, à Séville, en 1729, est une pure merveille [1]. « La Sainte Vierge, dit Th. Gautier, et l'ange agenouillé devant elle ont pour fond un chœur d'anges aussi lumineux que le soleil, et sur ce fond, comme un élancement stellaire, rayonne le Saint-Esprit, plus vif, plus blanc, plus étincelant encore, clarté ayant pour ombre la clarté. »

Pourtant, une autre *Annonciation,* celle du Musée provincial de Séville, lui est bien supérieure encore : l'attitude pleine de respectueuse adoration de l'ange, le sentiment de pudeur, mêlé de surprise, qu'on lit sur le visage de la Vierge, sont admirable-

---

1. Le musée de Madrid, formé de la réunion des collections royales, compte quarante-cinq ouvrages de Murillo, la plupart rassemblés par les soins d'Élisabeth Farnèse, femme de Philippe V.

L'Immaculée Conception.
(Musée de Madrid.)

ment traduits. La gamme des colorations est en même temps délicieuse et grave : cette peinture est un pur chef-d'œuvre.

L'*Éducation de la Vierge*, à Madrid, date de 1675 ou 1676. C'est une ravissante scène, remplie de ce sentiment intime et tendrement familier que l'artiste excelle à rendre. Debout devant sa mère, l'enfant tient un livre qu'elle appuie sur les genoux de sainte Anne assise. Marie désigne du doigt un passage du livre et interroge; la mère répond et commente. Avec son riche costume composé d'une robe d'un ton rose, à longs plis traînants, et d'un manteau bleu rejeté sur le bras gauche; avec ses cheveux longs et tombants, relevés d'un nœud rouge, Marie a tout l'air d'une petite infante de Velazquez. Nous n'avons nulle peine à croire, avec la tradition, que l'enfant est le vivant portrait de la fille de Murillo, Francisca, qui devait plus tard se faire religieuse, et que sa femme elle-même a posé pour la sainte Anne. Une savoureuse esquisse, première pensée de ce même sujet, mais avec de notables différences, est cataloguée au même musée sous le n° 873.

Comment omettrions-nous les quatre charmants tableaux de chevalet du musée de Madrid, qui complètent, avec cinq autres tableaux, passés plus tard de la collection Madrazo dans la galerie de M. de Salamanca, vendue à Paris en 1867, la série où Murillo a retracé les divers passages de la parabole de l'*Enfant prodigue?* C'est surtout dans ces petits sujets que le maître se montre sous ses dehors les plus séduisants. Ses pâtes claires, transparentes, dorées ou argentines, y pétillent de grâce, de légèreté et d'esprit. Sa touche est libre, aisée; ses tons vifs, très délicatement contrastés, chantent et résonnent en des rythmes qu'on dirait échappés d'une inspiration instinctive et comme coulant de source.

Un autre tableau de petite dimension, du même musée, le *Martyre de saint André,* est peut-être ce que Murillo a produit de plus splendide, de plus étincelant. Sous les murs de la ville de Patras, au milieu d'une foule de cavaliers, de soldats et de populaire, l'apôtre, le visage rayonnant d'une joie divine, est mis sur une croix en forme d'X. Des anges descendent du ciel et lui apportent la palme. Une lumière poudroyante, dorée, noyant les contours, fondant les tons dans un tout harmonieux, enveloppe la scène qui prend, sous ce vaporeux voile, un air de triomphe et de fête. Assurément c'est là une apothéose plutôt qu'un martyre. Mais c'est aussi par de telles interprétations, où l'artiste semble uniquement préoccupé de la séduction et de l'opulence du coloris, que Murillo rompt absolument avec les brutalités, les dramatiques violences de l'école ascétique, et nous devons marquer ce contraste.

Deux excellents morceaux du musée de Madrid doivent encore être cités : le *Saint Jacques,* l'apôtre, et un *Saint François de Paule,* têtes robustes et fières, héroïques d'expression, d'une extrême largeur de facture, vivantes comme la vie, certainement deux portraits.

Une petite chapelle, placée sous l'invocation de saint Georges, servait, en 1662, de lieu de réunion à l'une des plus humbles confréries de Séville, *la Hermandad de la Caridad.* Ses membres s'étaient donné pour mission de remplir certaines œuvres de charité; ils procuraient une sépulture aux corps des noyés que le Guadalquivir rejetait sur ses rives, et enterraient les suppliciés. Murillo désira faire partie de cette confrérie, formée de personnes d'une condition modeste. Peut-être la règle exigeait-elle un noviciat assez long, car une délibération conservée dans les archives de la *Hermandad,* avec la demande autographe de l'artiste, nous apprend que cette demande ne fut définitivement agréée qu'en 1665.

Depuis une année, le frère président était précisément ce personnage qu'une jeunesse, toute vouée aux plaisirs, toute remplie de meurtres et d'orgies, a immortalisé comme le type du débauché toujours beau, toujours séduisant, toujours irrésistible. Il s'appelait don Miguel de Mañara Vicentello de Leca, incarné, par la grâce des poètes, en don Juan de Marana, le second don Juan dans l'ordre historique. Séville, en effet, avait déjà dans sa légende don Juan Tenorio, celui qui tue le commandeur Ulloa, *le Convié de pierre*, le héros du drame de Tirso de Molina. Pour avoir été tout à fait réelle, il ne faudrait pas croire que l'existence de don Miguel de Mañara, chevalier de Calatrava, le cède en libertinage, en impiété ou en aventures galantes se dénouant, elles aussi, par de sanglantes rencontres, à la dramatique légende de son prototype. Si son repentir, si son humilité n'ont point induit don Miguel à s'exagérer ses fautes, l'inscription gravée par son ordre sur la dalle de sa tombe ne saurait être tout à fait un mensonge. Or, elle dit : « Ci-gît le pire homme qui fut jamais. »

A la suite d'apparitions menaçantes — il vit, entre autres, s'accomplir sous ses yeux la propre cérémonie de ses funérailles, — don Miguel écouta les avertissements du ciel. Il se repentit et employa dès ce moment le reste de sa vie à des fondations, à des œuvres pieuses et charitables. Par ses ordres, on construisit l'hôpital de la Charité, adossé à la chapelle Saint-Georges, rebâtie elle-même sur un plus vaste plan. Il la dota des plus importants ouvrages qu'ait peints Murillo, devenu son ami, son aide en bonnes œuvres.

Avant l'invasion française, la *Caridad* possédait de Murillo huit grandes compositions et deux moindres. Le maréchal Soult en enleva cinq. Une, seulement, la *Sainte Élisabeth de*

La Sainte Famille.

Hongrie pansant des teigneux, a été restituée à l'Espagne. Mais le *Moïse faisant jaillir l'eau du rocher* et le *Miracle de la multiplication des pains,* deux toiles qui mesurent plus de huit mètres de largeur, n'ont pas quitté l'emplacement pour lequel elles furent exécutées. Elles sont d'une importance unique dans l'œuvre du maître. La mieux connue de ces deux compositions, le *Moïse,* a été popularisée par la belle estampe que fit paraître, vers 1839, l'habile graveur espagnol Raphaël Esteve. Moïse est au désert, guidant son peuple mourant de soif; l'eau a jailli du rocher sous le coup de la verge miraculeuse; il joint les mains et remercie Dieu. A sa gauche, son frère Aaron paraît frappé d'admiration. Autour de ces deux personnages, la foule se précipite pour boire l'eau jaillissante. Les hommes, les femmes remplissent leurs vases, leurs bassins; une mère désaltère ses enfants; une autre, sourde à la voix du sien, boit avidement; des épisodes divers, des contrastes d'attitude se produisent. Au premier plan, un enfant, assis entre d'énormes jarres sur un cheval, montre d'un air joyeux le rocher entr'ouvert. Cet enfant, la tradition veut, sans raison aucune, que ce soit le portrait de Murillo dans ses jeunes années. L'ordonnance de cette vaste machine est claire, chaque groupe est d'un mouvement vrai, chaque épisode attachant, chaque type bien caractérisé. L'ensemble présente une coloration pleine d'éclat et de fraîcheur. Ici, encore, tous les tons concourent à former la plus vive et la plus chantante des harmonies. L'exécution est délibérée, franche, tout à fait supérieure.

En regard du *Moïse,* la *Multiplication des pains* forme un cadre d'égale dimension, mais plus rempli, sinon plus mouvementé.

A gauche, le Christ, entouré de ses disciples, tient les pains sur ses genoux et bénit les poissons qu'un enfant lui présente. A droite, formant un groupe, des femmes regardent et attendent. Le fond est un paysage très étendu où s'agite la foule accourue pour entendre la divine parole. « Dans le tableau de la *Multiplication des pains* — écrivait spirituellement T. Thoré, — Murillo a fait un miracle presque aussi étonnant que le miracle du Christ. Si le Christ a nourri cinq mille hommes, avec cinq pains d'orge et deux poissons, Murillo a peint cinq mille hommes sur un espace de vingt pieds. En vérité, il n'en manque pas un des cinq mille; c'est une foule inouïe de femmes et d'enfants, de jeunes gens et de vieillards, une nuée de têtes et de bras qui se classent à l'aise, sans gêne et sans apprêt. »

Des quatre tableaux enlevés par le maréchal Soult à la chapelle Saint-Georges — *le Christ guérissant le paralytique de la piscine; Abraham adorant les trois anges; Saint Pierre délivré de la prison,* et *le Retour de l'Enfant prodigue,* — trois sont aujourd'hui en Angleterre, et le dernier a été acquis par le musée de l'Hermitage. Si la perte de ces beaux ouvrages pour nos galeries est chose regrettable, on le sentira davantage en relisant ce que T. Thoré, étudiant la galerie Soult, écrivait à propos de l'*Enfant prodigue,* le morceau le plus parfait des quatre :

« Beaucoup d'artistes préfèrent l'*Enfant prodigue* à toutes les autres compositions de Murillo, et, en effet, le groupe du père qui reçoit dans ses bras son fils amaigri, dont il couvre la nudité avec les plis de son manteau, ce groupe manifeste un sentiment si intime des affections morales, qu'on croit assister à un drame réel; il faut voir la sollicitude et la joie du vieillard, le repentir et la reconnaissance du fils : son visage est sillonné par les orages de sa vie, mais les passions tumultueuses et les désordres sensuels n'y ont point effacé l'empreinte d'une nature élevée ; il a péché par l'entraînement de cette activité qui dévore la jeunesse et qui la pousse à épuiser toutes les émotions ; il a péché parce qu'il a trop aimé les créatures de Dieu ! Pardonnez-lui, comme à la Madeleine, sa sœur !

» L'exécution répond à cette scène touchante et solennelle : les têtes, les étoffes, le corps de l'enfant prodigue, sont peints avec une aisance de touche, une magnificence de couleur, une désinvolture de style, une vérité de perspective étonnantes. Chez Murillo, on ne sent jamais le travail et la recherche ; on ne demande jamais : Pourquoi cela est-il ainsi ? Chaque chose remplit son but en concourant à l'effet général, si bien que vous ne désirez rien de plus. Cet accord de l'unité et de la multiplicité, du principal et des accessoires, est surtout saillant dans l'*Enfant prodigue*. Il y a un air de fête répandu sur toute la composition ; l'atmosphère est radieuse ; la nature semble parée ; les serviteurs accourent pour revoir le fils de famille ; le petit chien de la maison le caresse joyeusement ; on amène le veau gras destiné au festin.

» Après cette peinture-là, il ne faut espérer rien de plus complet comme expression passionnelle, comme étude de la physionomie humaine, comme reproduction poétique de la nature [1]. »

Dans l'exécution du *Saint Jean de Dieu,* portant un pauvre et secouru par un ange, Murillo s'est surtout préoccupé d'obtenir un puissant effet de clair-obscur. Ce tableau — encore placé sur l'un des autels latéraux de la chapelle Saint-

---

1. T. Thoré, *Études sur la peinture espagnole.* Galerie du maréchal Soult. (*Revue de Paris,* 1835.)

ÉDUCATION DE LA VIERGE.
(Musée de Madrid.)

Georges, emprunte aux ténèbres de ses fonds quelque chose de fantastique et d'étrange qui est une note à part dans l'œuvre du maître. C'est, en même temps, une merveille de coloris. Le pendant du *Saint Jean,* c'était, avant l'invasion, la fameuse *Sainte Élisabeth de Hongrie pansant des teigneux,* que garde aujourd'hui, comme un des plus précieux joyaux de sa collection, l'Académie de San-Fernando de Madrid.

Arrêtons-nous devant cette composition, incontestablement hors ligne, et l'un des trois ou quatre morceaux qui classent le maître, à si juste titre, au nombre des plus grands virtuoses de la couleur. Debout au seuil de son palais, la Reine, entourée de ses femmes, accueille les pauvres et les malades. Agenouillé devant elle, la tête inclinée au-dessus d'un large bassin d'argent, un enfant dont les guenilles laissent passer l'épaule maigre, présente son crâne dénudé par la teigne aux blanches mains de la Reine. Ces ulcères, ces plaies hideuses et fétides inspirent à la sainte une horreur qu'elle s'efforce de combattre; l'expression de son visage trahit ouvertement la révolte de la nature, les répulsions de toutes les exquises délicatesses de la femme, en lutte avec l'esprit de charité.

Sur une marche du perron, une vieille femme en haillons est accroupie, sollicitant une aumône. A gauche, au bord du cadre, un mendiant bande les plaies de sa jambe. Derrière la vieille femme, un petit teigneux se gratte la tête avec furie ; un blessé, s'appuyant sur des béquilles, se dirige à droite vers le dehors. Au dernier plan, sous un imposant portique, se déroule une seconde action : on aperçoit la Reine et ses suivantes servant des pauvres attablés.

Certes, on ne saurait pousser plus loin que ne l'a fait

Murillo, dans la *Sainte Élisabeth*, le sentiment de la réalité même la plus rebutante; mais s'il est vrai de dire que l'Art ennoblit tout, c'est en face de ce tableau que cette vérité devient palpable; car, avec un sujet plus que repoussant, Murillo a produit une page du caractère le plus pénétrant et le plus sublime.

Et c'est devant une telle page qu'il est donné de mesurer le mieux quel abîme profond sépare notre éducation esthétique, plus qu'à demi païenne, mélange de théories empruntées à l'art grec et à la Renaissance italienne, des simples et claires pratiques de l'artiste espagnol, chrétien sincère et naïf, prosélyte ardent de sa foi, ne poursuivant pas comme un idéal exclusif la recherche de la beauté dans la forme, mais se subordonnant au contraire au sentiment et à l'effet moral à produire.

Aussi nous paraît-il peu judicieux d'appliquer indifféremment les mêmes formules de comparaison à juger des œuvres issues d'un sentiment profane, païen si l'on veut, et des créations puisées aux sources les plus vives de la foi chrétienne.

Sous le bénéfice de ces réserves, la *Sainte Élisabeth* peut être étudiée comme une des manifestations les plus complètes des tendances de l'école espagnole au moment de sa plus belle efflorescence. Murillo s'y montre, en effet, l'expression fidèle de ce qu'on découvre de plus saillant dans l'art national : mode de composer librement, naturellement, sans emphase; goût du pittoresque dans les types reproduits, et par préférence les types locaux; recherche des contrastes allant volontiers de la noblesse à la trivialité, de la sublimité dans l'idée jusqu'au naturalisme le plus audacieux dans la forme; autant de qualités et de défauts qui sont l'essence même de l'originalité, du *genius loci,* du génie propre des Espagnols, et qui sont bien à eux et à eux seuls, comme leurs sierras pelées, leurs visages bruns, leurs yeux pleins de soleil, leurs chants mélancoliques et gutturaux et leur langue aussi fière que sonore.

Toute la décoration de l'hôpital de la *Caridad* était achevée en 1674. Une *Annonciation,* un *Jésus enfant* et un petit *Saint Jean Baptiste* avaient été ajoutés par l'artiste aux ouvrages précédemment décrits. Pour plaire à sa chère confrérie, Murillo alla jusqu'à fournir les dessins d'après lesquels s'exécutèrent les panneaux de faïence coloriée qu'on voit encastrés dans la façade de la chapelle; ces dessins représentaient : la *Charité,* la *Foi,* l'*Espérance, Saint Jacques* et *Saint Georges.*

Dans les années qui suivirent, le maître eut de nombreuses tâches à remplir; les églises et les couvents, l'aristocratie et les riches commerçants lui demandaient à l'envi des ouvrages de sa main; sa fécondité suffisait à tout. Successivement il décore le maître-autel de l'église Saint-Augustin, à Séville, de peintures allusives à la vie du grand docteur ou à des traits de piété de saint Thomas de Villanueva; il peint pour l'hôpital des *Vénérables* la *Conception,* qui est à présent au Louvre, et fait le portrait en pied de son ami le chanoine don Justino Neve. On remplirait des pages avec la seule énumération de toutes les productions, grandes ou petites, qui se classent depuis l'année 1670 jusqu'en 1678, époque où Murillo commence d'entreprendre un de ses plus complets ensembles, la vaste décoration du couvent des Capucins.

Fondé en 1627, à demi détruit pendant la guerre de

l'Indépendance, restauré en 1813 et finalement ruiné en 1835, ce couvent, situé hors des murs de Séville, près de la porte de Cordoue, a possédé jusqu'à vingt toiles de Murillo, la plupart de premier ordre.

Comment — et à travers quelles dramatiques péripéties — ce trésor artistique échappa-t-il, aussi bien aux rapines françaises qu'aux rapacités ou aux incendies carlistes, c'est ce que le touriste pourra se faire narrer tout au long en visitant, au Musée provincial de Séville, les dix-sept tableaux provenus des Capucins.

Aidé des précieuses indications fournies par Cean Bermudez, nous essaierons de reconstituer dans son ordonnance primitive la série de ces vingt tableaux; on se rendra mieux compte ainsi des contrastes et des effets décoratifs que l'artiste s'était proposé d'obtenir.

Le maître-autel était orné de dix sujets, tous avec des figures grandes comme nature. Le morceau central, le *Jubilé de saint François,* n'est plus à Séville. Vendu par les moines pour subvenir aux frais de reconstruction de leur couvent, il fut un moment la propriété de l'infant don Sébastien, qui le céda au musée de Madrid. De chaque côté du *Jubilé* étaient placés, formant entre eux une heureuse opposition, les *Saints Léandre* et *Bonaventure,* d'un caractère superbe et d'une rare vigueur d'exécution, et en regard les patronnes de Séville, les *Saintes Justine* et *Rufine,* soutenant la fameuse tour de la Giralda.

Au-dessus, figuraient, d'un côté, *Saint Jean Baptiste au désert,* et de l'autre, *Saint Joseph avec l'enfant Jésus,* morceaux d'une facture sévère; plus haut, se correspondaient un *Saint Antoine de Padoue* et un *Saint Félix de Cantilicie,* tous deux peints à mi-corps et retenant dans leurs bras l'enfant Jésus. Rien de plus frais, de plus rose, de plus vivant que cet enfant divin, et rien aussi de plus tendre et de plus passionné que les embrassements dont les saints l'étreignent et l'enveloppent.

Au sommet du retable, une *Sainte Face* formait le couronnement, tandis que sur le tabernacle était placée cette belle *Vierge portant l'enfant Jésus* que l'on reconnaît tout de suite au Musée provincial, à un caractère particulier de noblesse encore rehaussé par la parfaite beauté du modèle et la splendeur du coloris. A coup sûr, cette *Vierge* a été peinte dans une heure de génie.

Dans le chœur, une *Annonciation*, celle où Murillo a le mieux rendu le sentiment de surprise, de soumission et de grâce pudique qu'éprouve Marie, avait pour pendant la *Pieta*, la *Mère de douleur*, page de tournure grandiose, d'un dessin sévère et ferme, mais violente d'effet autant qu'un Ribera.

Dans les nefs de l'église étaient dispersées huit grandes compositions. C'étaient la *Naissance du Christ*, d'une tonalité chaude et vigoureuse; puis un autre *Saint Félix de Cantalicie*, berçant dans ses bras l'enfant Jésus que la Vierge vient de lui confier, et enfin un *Saint Antoine de Padoue*, débordant de langueur mystique.

L'une des chapelles latérales avait pour ornement le *Saint Thomas de Villanueva distribuant des aumônes*. C'était de tous ses ouvrages celui que Murillo préférait. Il l'appelait *son tableau*. A ce titre il mériterait déjà mieux que l'examen forcément succinct auquel nous condamne l'étude de tant de morceaux supérieurs.

Debout sous un portique d'une imposante architecture, le saint évêque, la mitre en tête, et tenant la crosse pastorale,

SAINTE ROSE DE LIMA.

distribue ses aumônes; agenouillé devant lui et s'appuyant sur une main, un mendiant estropié, à moitié nu, implore un secours. L'attitude de cet homme, vu de dos, présente un raccourci d'une audace extrême. A la droite de l'évêque se groupent une vieille femme, dont les regards tournés vers le saint expriment une pieuse admiration, un mendiant qui se retire emportant une aumône, et un enfant déguenillé. Au premier plan, à gauche, un autre enfant montre à une femme assise la pièce de monnaie qu'il vient de recevoir. Telle est, dans sa simple ordonnance, cette composition éclairée par de larges partis pris. La lumière, venant du fond du portique, passe derrière l'évêque, frappant d'éclat la mitre blanche dont le ton, rehaussé par les gris argentés des fonds, s'exalte et flamboie; un autre rayon, glissant entre deux colonnes, tombe sur une table, où sont jetés des livres et une bourse ouverte, pour aller modeler à contre-jour le groupe de la femme et du petit enfant enlevé d'un contour lumineux de l'effet le plus heureux et le plus pittoresque. Tous les plans que ne touchent pas ces lumières franchement frappées, sont maintenus dans une gamme à demi obscure, chaudement ambrée. Ces vigoureuses oppositions de clair et d'ombre feraient déjà de ce tableau une œuvre tout à fait à part dans l'œuvre du maître, si des qualités plus élevées n'en doublaient encore le mérite. Le saint évêque est d'une tournure superbe; ses traits, d'une grande distinction, respirent dans leur noblesse la bonté souriante, facilement attendrie aux plaintes des malheureux. Le dessin, le modelé des nus, particulièrement l'homme à genoux, sont aussi saisissants de vérité que la nature elle-même, et quant aux colorations, Murillo n'a certainement rien peint de plus fort, de mieux contrasté et de plus largement harmonieux; nous comprenons la prédilection du maître pour le *Saint Thomas de Villanueva* [1]. Une autre toile d'une intensité de sentiment dépassant encore de beaucoup ce que nous avons rencontré jusqu'ici de plus expressif dans l'œuvre de l'artiste, c'est le *Saint François au pied de la croix*.

Murillo n'a peint qu'une fois cet abandon complet, cette humilité profonde, cette absolue adoration qu'exprime le *Saint François*. Le geste de l'embrassement du Christ, coulé d'un jet, vivant, protège et caresse en même temps. Au reste, tout dans cette œuvre est magistral : modelé, dessin, coloration, clair-obscur, et il n'est pas jusqu'à la pâle lueur, qui trouant les ténèbres et les vagues obscurités des fonds, ne jette sur cette scène étrange, sorte de vision symbolique des destinées promises à l'ordre des Franciscains, quelque chose de mystérieux, d'apocalyptique.

Pour clore cet inventaire des richesses du couvent des Capucins, il nous reste à mentionner un *Saint Michel* et un *Ange gardien*, placés autrefois de chaque côté de la porte du chœur. L'*Ange gardien* est à présent à la cathédrale de Séville. Nous ne pouvons passer sous silence la *Vierge à la serviette*, qu'on retrouve au Musée provincial, morceau d'une célébrité qui ne s'explique guère que par l'étrangeté du choix des modèles, de types plutôt mauresques qu'espagnols, aux yeux démesurément agrandis, et dont les iris d'un noir profond ont une fixité inquiétante et presque farouche.

La légende veut que cette Vierge ait été peinte sur une

---

1. La galerie espagnole du roi Louis-Philippe a possédé une esquisse de ce même sujet, mais traité d'une manière différente. Cette esquisse, d'un coloris puissant et du plus vigoureux effet, a passé en Angleterre. Un autre *Saint Thomas*, provenant des Franciscains à Gênes, a figuré à Manchester à l'Exposition des *Trésors de l'Art*.

serviette de table, et offerte en don au frère portier, pendant le séjour que fit l'artiste au couvent des Capucins.

Dans un laps de dix années, de 1670 à 1680, Murillo avait terminé, indépendamment de tant d'autres ouvrages épars un peu partout aujourd'hui dans le monde, ces deux importantes décorations de l'hôpital de la Charité et du couvent des Capucins. « Admirables l'une et l'autre — écrit excellemment M. Antoine de Latour dans ses *Études sur l'Espagne,* — la première a plus de grandeur, la dernière plus de charme. Là, l'Évangile garde toute sa gravité, il a ici toute la grâce de la légende. Sous cette forme plus familière, le délicieux génie de Murillo s'épanche avec plus d'abandon. Ces scènes, d'un mysticisme si tendre, ont je ne sais quoi de lumineux que la pensée pénètre sans effort et par où l'âme se laisse aisément ravir aux régions célestes[1]. »

Il serait difficile d'apprécier avec plus de justesse le caractère du talent de Murillo au moment précis où son génie atteint à son apogée. Maintenant la vieillesse arrive et la mort approche. Mais Murillo peut s'éteindre : son œuvre est terminée, et elle aura eu ce rare privilège de n'être pas même effleurée d'une trace de sénilité, d'une seule marque de défaillance.

1. Antoine de Latour, *Études sur l'Espagne. Séville et l'Andalousie.* Paris, 1855.

IV

Quand Murillo eut terminé la décoration du couvent des Capucins de Séville, il partit pour Cadix. Ce voyage eut lieu au commencement de l'année 1680. L'artiste devait peindre, en exécution d'une promesse faite aux Capucins de cette ville, un grand tableau d'autel, le *Mariage de sainte Catherine de Sienne*, et quelques autres sujets moins importants. Une somme de neuf cents piastres fortes, provenant d'un legs fait au couvent par un riche commerçant nommé Juan Violato, Génois de nation et établi à Cadix, lui était allouée pour ce travail. Murillo se mit tout de suite à l'œuvre, et en quelques semaines, il avait déjà préparé et commencé de peindre le beau groupe de la sainte, recevant l'anneau des mystiques fiançailles des mains de l'enfant Jésus, assis sur les genoux de sa mère, quand une indisposition grave ou peut-être une chute du haut de son échafaudage, car la tradition n'est pas unanime sur ce point, vint le forcer à laisser son tableau inachevé. Ce fut Menesès Osorio, son élève préféré, qui termina la *Sainte Catherine*.

Murillo s'était senti mortellement atteint. Il revint immédiatement à Séville, où sa vie ne fut plus que langueurs et souffrances. Il habitait alors sur la paroisse de Santa-Cruz, et chaque jour il allait dans cette église méditer quelques heures devant le fameux tableau de Pedro Campana, la *Descente de Croix*, pour lequel il avait une sorte de culte. « On s'explique — remarque M. A. de Latour — cette admiration dans le chef d'une école à la fois naturaliste et catholique; car, à côté du sentiment religieux qui se révèle dans l'ensemble de ce tableau et dans le choix du moment, avec une majesté idéale, il y a dans les détails une réalité qui intéresse le regard. Un mot attribué à Murillo traduit à merveille le double intérêt qui le ramenait sans cesse et le retenait si longtemps devant l'auguste scène. Un soir qu'il y demeurait plus que de coutume, le sacristain chargé de fermer les portes s'approche et lui dit : « Qu'attendez-vous pour vous retirer? L'angélus est sonné. — J'attends, répondit Murillo, que ces saints hommes aient achevé de descendre Notre Seigneur de la croix. »

Le 3 avril 1682, Murillo, pris de faiblesse extrême, fit appeler le notaire Juan Antonio Guerrero pour lui dicter son testament. Rien n'exprime mieux que ce curieux acte, brusquement interrompu par la mort, l'admirable simplicité de cœur et les honnêtes sollicitudes de l'homme de bien qui veut quitter la vie, l'âme sereine et dégagée de toute préoccupation d'intérêts matériels.

Après avoir confessé sa foi et s'être placé sous la protection de la Vierge, Murillo règle les unes après les autres toutes celles de ses affaires qu'il n'a pu terminer. Il désigne l'église de Santa-Cruz pour le lieu de sa sépulture, ordonne des messes de *requiem* pour le repos de son âme, en fixe le prix et le nombre. Il détermine ensuite l'emploi de certains dépôts qu'il a reçus comme exécuteur testamentaire de sa cousine germaine Maria de Murillo; lègue à Maria de Salcedo, femme de Gerónimo Bravo, qui avait pris soin de la conduite de son intérieur, une petite somme de cinquante ducats de *vellon*; déclare qu'Andrès de Campos, fermier de son oliveraie de Pilas, lui est redevable du prix de quatre années

SAINT ILDEFONSE RECEVANT LA CHASUBLE DES MAINS DE LA VIERGE.
(Musée de Madrid.)

de fermage, à raison de cinq cents réaux par année, mais qu'il en a déjà reçu à compte dix arrobes d'huile; enfin il rappelle que le locataire d'une petite maison, sise sur la paroisse de la Magdalena, et qui lui appartient, lui doit un semestre de bail s'élevant à huit douros. Puis le testament aborde quelques points d'un intérêt plus en rapport avec notre étude. Ici, nous traduisons textuellement : « Je déclare que j'ai commencé un grand tableau pour le couvent des Capucins de Cadix, et quatre autres petits tableaux, dont le prix a été arrêté à neuf cents piastres fortes, sur lequel prix j'ai reçu trois cent cinquante piastres, et je le déclare pour qu'il en soit tenu compte.

» *Item*. — Je déclare que je dois à Francisco Casomaner cent piastres de huit réaux d'argent qu'il m'a données l'année passée de 1681 ; je lui vendis et livrai deux petits tableaux du prix de trente piastres chacun, soit ensemble soixante piastres, laquelle somme étant déduite, je reste devoir au susdit quarante piastres : j'ordonne qu'elles lui soient remboursées.

» *Item*. — Je déclare que Diego del Campo m'a demandé de lui peindre un tableau de sainte Catherine martyre, dont le prix fut convenu à trente-deux piastres qui m'ont été payées : mes exécuteurs testamentaires livreront donc au susdit son tableau terminé et fini en toute perfection.

» *Item*. — Je déclare qu'un tisseur dont je ne me rappelle pas le nom, mais qui demeure sur l'Alameda, m'a commandé un tableau en demi-grandeur de la Sainte Vierge, lequel n'est qu'ébauché; le prix n'ayant pas été convenu et le susdit m'ayant cependant donné à compte neuf *varas* de satin, j'ordonne que, faute de lui livrer le tableau, il lui soit payé lesdites neuf *varas* de satin. »

SAINT JEAN-BAPTISTE.
(D'après un dessin original de Murillo.)

Murillo expose ensuite qu'à l'époque de son mariage — « il y a trente-quatre à trente-six ans » — avec doña Beatrix de Cabrera y Sotomayor, sa défunte femme, celle-ci lui a apporté une dot dont l'inventaire précis se retrouve dans un acte qu'il indique, prenant soin d'observer que, personnellement, il ne possédait alors ni bien ni valeur quelconques.

Enfin, il désigne pour ses exécuteurs testamentaires ses deux amis, le chanoine don Justino Neve et don Pedro de Villavicencio, chevalier de Malte, son élève, ainsi que son plus jeune fils, don Gaspar Esteban Murillo, entré dans les ordres. Il institue pour ses légataires universels ses deux fils, dont l'aîné, don Gabriel, était alors dans les Amériques espagnoles. A la suite de ce paragraphe et sans transition, le notaire ajoute : « En la ville de Séville, ce troisième jour d'avril de 1682, vers cinq heures environ de l'après-midi, j'ai été appelé pour recevoir le testament de Bartolomé Murillo, peintre et habitant de cette ville, et étant à le faire et comme je lui demandais, pour remplir la formule précédente relative à ses héritiers, les nom et prénoms du susdit don Gaspar Esteban Murillo, son fils, et après qu'il eut prononcé lesdits noms ainsi que ceux de son autre fils, l'aîné, je m'aperçus qu'il se mourait, parce que lui ayant demandé ensuite, selon la coutume, s'il avait déjà fait ou non quelque autre testament, il ne me répondit rien et expira très peu après ; ce que je constate ici, étant présents audit testament don Bartolomé Garcia Bravo de Barreda, prêtre en la collégiale de San-Lorenzo ; don Juan Cabellero, curé de la paroisse de Santa-Cruz ; Geronimo Treviño, peintre de cette ville, habitant la paroisse de San-Esteban, et don Pedro Belloso, notaire. »

Cette mort de Murillo venant interrompre brusquement

LE FRAPPEMENT DU ROCHER (PARTIE CENTRALE).
(Hôpital de la Caridad, à Séville.)

l'entière énonciation de ses dernières volontés pouvait, paraît-il, devenir un obstacle sérieux à la validité de son testament, puisque, le même jour, son fils dut présenter une requête au lieutenant de l'*Assistente,* demandant une enquête aux fins de constater que son père avait conservé jusqu'à son dernier soupir la plénitude de son intelligence. Cette requête fut d'ailleurs admise; les témoins testamentaires vinrent affirmer, sous serment, la vérité des faits exposés, et le testament demeura valable.

D'un commencement d'inventaire dressé aussitôt en présence des mêmes témoins, nous extrayons quelques indications malheureusement d'une sécheresse toute tabellionnaire et partant trop succinctes pour qu'elles puissent permettre de reconstituer avec quelque précision l'intérieur du grand artiste : « En la ville de Séville, le quatrième jour d'avril 1682, m'étant transporté dans la demeure de Bartolomé Murillo, sise dans la paroisse de Santa-Cruz, par-devant moi Juan Antonio Guerrero, notaire, ont comparu don Justino Neve y Yevenes, chanoine de notre sainte église; don Pedro de Villavicencio, chevalier de l'ordre de Saint-Jean de Jérusalem, et don Gaspar Murillo, habitants de ladite ville et exécuteurs testamentaires dudit Bartolomé Murillo, désignés comme tels par le testament que le susdit a fait par-devant moi, notaire, en cette présente année : lesquels ont déclaré que le testateur a laissé divers biens et meubles dont ils désiraient qu'inventaire authentique fût dressé, comme il a été fait à la suite :

» Premièrement : un *escritorio* de Salamanca, avec son pied en forme d'*escaparate. Item,* une armoire de bois d'acajou, avec ses ferrures, mesurant deux *varas*, moins un quart, de largeur; *Item,* une autre armoire en bois d'acajou, avec ses ferrures, mesurant une *vara* et demie de largeur. *Item,* trois tableaux avec leurs bordures dorées : l'un représentant un sujet d'architecture, et les deux autres des sujets de l'Écriture sainte : tous les trois sont des copies. *Item,* un tableau, avec son cadre doré, qui est une copie de la tête de saint Jean-Baptiste, plus deux tableaux de fruits, sans bordure, de demi-vara de largeur. »

Ici s'arrête, après les formules et signatures d'usage, ce premier inventaire. Sans doute il dut être repris et achevé, mais les archives de l'étude de don Antonio Abril, notaire à Séville, où existent encore en originaux le testament, la requête de don Gaspar et le premier procès-verbal d'inventaire, ne renferment plus aucun autre acte ou document relatif à Murillo.

Le 4 avril 1682, le corps de Murillo fut porté en grande pompe dans l'église de Santa-Cruz et enterré dans une chapelle appartenant à la noble famille des Hernandez de Jaën. Une dalle de marbre, sur laquelle on inscrivit ces ceux mots : *Vive moriturus,* couvrit ses dépouilles mortelles. Selon ses désirs, Murillo reposait en face du tableau de Campana.

A l'époque de l'occupation de Séville par l'armée française, l'église de Santa-Cruz, qui menaçait ruine, fut démolie. On entreprit alors, mais sans succès, de retrouver les restes du grand artiste; les caveaux de la chapelle n'étaient qu'un vaste ossuaire, où se confondaient pêle-mêle les ossements de tous ceux qui y avaient été ensevelis.

Les contemporains et les biographes de Murillo ont peu parlé de sa personne; mais les portraits où il s'est peint lui-même suffisent à révéler qu'en lui, l'homme extérieur est en étroite harmonie avec le caractère intime, comme avec la nature de son génie; aussi, soit que nous cherchions à évoquer cette belle et loyale physionomie en faisant appel à nos souvenirs des deux admirables portraits qui figurèrent, avant 1848, dans la galerie espagnole du musée du Louvre [1]; soit que nous l'étudiions dans la gravure que Richard Collin exécutait à Bruxelles, en 1682, d'après le beau portrait dédié par l'artiste à ses fils, ou encore dans les burins de Blanchard, de Calamatta et du graveur espagnol Alegre; soit même que nous la demandions à cette copie du musée de Madrid que Tobar dut peindre d'après un original resté inconnu, Murillo se présente tout de suite à nous comme l'artiste richement doué de nature, à l'inspiration spontanée, exubérante, pleine de laisser-aller, travaillant sans efforts, sans fatigues, et obéissant moins aux préceptes d'école, aux conventions systématiques qu'à l'empire de son propre sentiment. L'éclat riant de sa couleur, les grâces sensuelles de son dessin et la pénétrante intensité d'expression de ses figures semblent bien répondre à ce qu'on

1. Voici ce que W. Bürger écrivait dans ses *Trésors d'art en Angleterre*, à propos de ces deux portraits qui figurèrent, en 1857, à l'Exposition de Manchester :
« La France avait autrefois deux portraits de Murillo par lui-même : — l'un au musée espagnol, payé en Espagne 50,000 francs, à ce que je crois, par le baron Taylor, et qui ne paraissait pas estimé en France selon son mérite; — l'autre à la galerie Standish, et que l'on considérait comme une sorte de copie assez faible du premier.
» Ils sont là tous les deux à l'exhibition de Manchester.
» Celui du musée espagnol, qui est parfaitement original et très beau, et bien précieux, a été acheté par lord Stanley à la vente des objets d'art du feu roi Louis-Philippe. Il est, on se le rappelle, en buste, dans un médaillon ovale, sur le rebord duquel s'appuie la main droite, une main supérieurement peinte. La tête puissante est de trois quarts à droite et offre quelques traits de ressemblance avec la belle tête de Molière. La toile porte en bas une inscription.
» Celui de la galerie Standish, qui ne saurait être une copie ni une répétition puisqu'il est disposé autrement, a bien moins de caractère; mais encore n'est-il point à dédaigner. Peut-être a-t-il été peint dans l'atelier du maître par un de ses élèves. »

attend de cette figure ouverte, au front élevé, tout plein de bosses intelligentes et d'un modelé si ferme et si puissant,

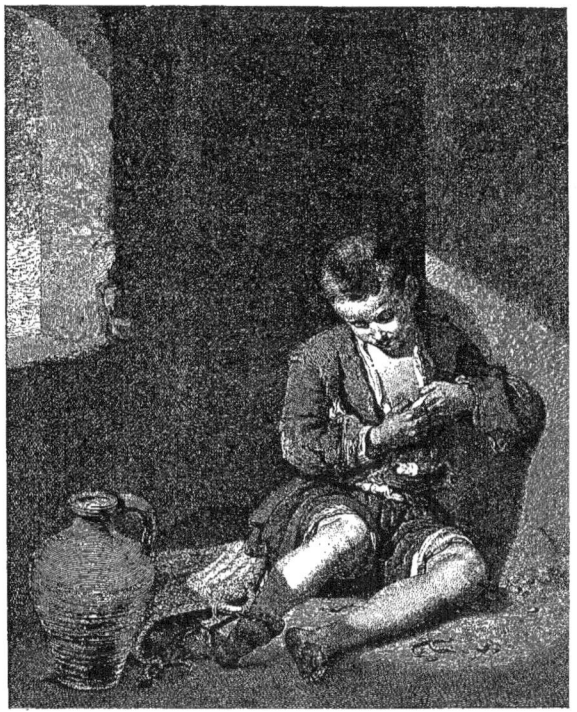

JEUNE MENDIANT.
(Musée du Louvre.)

qu'éclairent ou plutôt qu'illuminent deux yeux noirs, spirituels, vivants et tout remplis de passion contenue. L'homme, ici, dit l'œuvre, et l'on peut, en renversant ces mêmes termes, formuler ce jugement : que la peinture de Murillo est bien le reflet de son propre tempérament.

S'il nous fallait chercher ailleurs que dans les témoignages de ses biographes des preuves nouvelles de la profonde sympathie et des amitiés aussi durables que dévouées que sut inspirer durant sa vie l'aimable et doux artiste, nous n'aurions pas de peine à les trouver dans ce cortège si nombreux de disciples et d'amis qui, jusqu'à son dernier jour, ne cessa de l'entourer de sollicitude et de vénération.

Son enseignement, l'enthousiasme qu'excitaient ses ouvrages et le charme de son caractère exercèrent sur ses élèves une irrésistible influence ; l'école sévillanne contemporaine, même ses rivaux : Valdes Leal, Herrera el Mozo, Iriarte, et tous les peintres qui remplissent la fin du xviie siècle et le xviiie siècle, le copient et l'imitent. Il est leur modèle constamment étudié, leur idéal, leur inspirateur absolu, leur dominateur tyrannique : lui mort, nul ne parviendra dans l'école à se créer une originalité, à faire preuve de qualités véritablement personnelles.

L'Académie publique de dessin que Murillo avait fondée à Séville en 1660, peut-être en souvenir des difficiles épreuves de sa jeunesse, est une création d'autant plus remarquable qu'elle fut due tout entière à son initiative et à ses efforts personnels. Ce que Velazquez lui-même ne put parvenir à faire à Madrid, Murillo le réalisa, soutenu par sa seule énergie et entravé plutôt qu'aidé dans l'accomplissement de son généreux projet par Herrera le Jeune et par Valdes Leal. Orgueilleux et jaloux, ces deux artistes lui suscitèrent obstacles sur obstacles : Murillo leur opposait son angélique patience. Lassé pourtant à la fin de leurs prétentions injustes et toujours renaissantes, Murillo abandonna à Valdes la direction de cette académie et n'enseigna plus que dans son atelier.

Autour du maître se groupaient alors son fils, don Gaspar, qui ne peignit guère; Menesès Osorio, celui de ses élèves qu'il préférait; Juan Garzon, qui travailla presque constamment avec Menesès Osorio; Nuñez de Villavicencio, chevalier de Malte, l'ami du maître, l'auteur d'un tableau conservé au musée de Madrid, où des enfants du peuple, des *muchachos* déguenillés, jouent et polissonnent; Juan Simon Guttierez, qui peignit une suite assez remarquable de sujets empruntés à la vie de saint Dominique, et enfin Sebastian Gomez, *el Mulato*, l'esclave dont Murillo fit un artiste et qui eut la gloire de voir deux de ses ouvrages admis dans ce même couvent des capucins de Séville, où le maître comptait tant de chefs-d'œuvre. A côté de ces disciples, presque tous des collaborateurs, il resterait encore une longue énumération à faire. Bornons-nous à citer : Alonso de Escobar, Fernando Marquez Joya, Francisco Perez de Pineda, José Lopez, Francisco Antolinez de Sarabia, pour arriver aux sectateurs, aux élèves des élèves de Murillo, dont Miguel de Tobar et German Llorente sont, au xviiie siècle, les individualités les plus marquantes.

De Tobar, le musée de Madrid possède un portrait de Murillo, copie fort estimable d'un original inconnu, et de German Llorente une Vierge, la *Divine Bergère*, gardant de blanches ouailles, qui lèvent vers la Vierge leur bouche ornée d'une rose. Rapidement l'école de Séville en était arrivée là. A la grâce de Murillo a succédé la fadeur, et son mysticisme, si dangereusement capiteux, mais contenu du moins et comme relevé chez lui par un réalisme puissant et une éblouissante exécution, dégénère et finit dans sa postérité en *concetti* dévots, en sujets quintessenciés où la préciosité de l'idée ne trouve plus pour enveloppe qu'un dessin mignard et des colorations minces et appauvries.

Après avoir étudié Murillo dans les manifestations élevées où s'est le plus habituellement maintenu son génie, il nous reste à le suivre dans les domaines moins ambitieux où le talent et l'habileté du praticien peuvent suffire à produire des œuvres de mérite. Les étonnantes aptitudes de Murillo à tout comprendre, à tout s'assimiler et à tout rendre, lui permirent de s'essayer avec un égal succès dans tous les genres. Nous avons déjà parlé de ses propres portraits : quelques autres ouvrages encore attestent son incontestable supériorité à traduire le visage humain, à en évoquer le caractère intime et à faire apparaître l'homme intérieur tout entier sous les traits et dans l'expression d'une physionomie. Un de ses portraits les plus remarquables est celui de son ami, le chanoine don Justino Neve : enlevé à l'hospice de *los Venerables* de Séville, cet ouvrage est aujourd'hui l'honneur d'une des galeries particulières de l'Angleterre, celle du marquis de Lansdowne.

C'est aussi à l'Angleterre qu'il nous faudrait redemander aujourd'hui ce superbe portrait en pied de *Don Andrès de Andrade,* qui figurait, avant 1848, dans la galerie espagnole du roi Louis-Philippe. Le musée royal de Madrid ne possède qu'un seul portrait peint par Murillo, celui du *P. Cabanillas,* une figure pleine de vie et d'esprit.

Comme peintre de fleurs, d'animaux et de nature morte, Murillo a produit de véritables chefs-d'œuvre. De même que Velazquez, il avait débuté dans l'art par l'étude des choses inanimées, peignant toutes sortes d'objets riches de ton, des vases de terre, des fruits, des poissons, des fleurs, des ustensiles de cuisine, des accessoires quelconques de la vie domestique. De bonne heure donc, Murillo se montre peintre et coloriste, et cela bien auparavant d'être un dessinateur suffisant. Les natures mortes, ouvrages pour la plupart datant de sa jeunesse, valent les meilleures productions des artistes hollandais, les maîtres du genre. Plus tard, dans ses grandes compositions et lorsque les nécessités de son sujet appellent la présence de quelque objet accessoire, fleurs ou fruits, meubles ou étoffes, animaux de tout genre, vivants ou morts, Murillo les traite avec une résolution, une liberté et en même temps avec une justesse d'observation, qui font de ces parties de tableaux autant de morceaux achevés, tant l'artiste y a déployé d'aisance prestigieuse, résultat d'une science absolument sûre d'elle-même.

Paysagiste, Murillo ne pouvait l'être qu'à la façon des Bolonais ou de Rubens, c'est-à-dire dans une manière large, décorative, sommaire, qui semble naturelle aux peintres d'histoire. C'est par Iriarte, élève de Herrera le Vieux, que Murillo fut initié à la peinture du paysage. Longtemps même ils collaborèrent. Iriarte exécutait les fonds de Murillo, et, à son tour, Murillo enrichissait de quelque sujet tiré le plus souvent des saintes Écritures les paysages de son ami. « Ils avaient ensemble — dit M. Charles Blanc dans son *Histoire des Peintres* — deux fois plus de talent qu'il n'en fallait pour faire un chef-d'œuvre. Un jour, ils se piquèrent sur la puérile question de savoir lequel des deux devait commencer un tableau, commandé au paysagiste par un amateur qui avait compté sur l'alliance des deux amis. Murillo, dans un mouvement d'humeur, prit la palette et fit d'un seul coup le paysage et les figures de manière à enchanter l'acheteur. Il venait de découvrir en lui un artiste nouveau qu'il ne soupçonnait point, un admirable paysagiste : la même chose était arrivée à Rubens. »

Le musée de Madrid a, de Murillo, deux paysages bien authentiques, catalogués sous les numéros 898 et 899 : comme la plupart de ses autres productions en ce genre, ces peintures sont brossées hardiment, par grandes masses et tout à fait dans le seul sentiment décoratif. Pas plus qu'aucun des artistes espagnols de son temps, Murillo n'a jamais peint le paysage d'après la nature directement interrogée; comme il le disait lui-même d'Iriarte, ses représentations sont *d'inspiration divine, idéale.*

Ainsi que l'ont pratiqué presque tous les peintres de l'école espagnole, comme Herrera, Valdes et Velazquez, Murillo s'est essayé dans la gravure à l'eau-forte.

Nous connaissons du grand artiste une charmante petite pièce, représentant un *Saint François d'Assise,* à mi-corps, que Cean Bermudez a, du reste, pris soin de décrire dans son dictionnaire historique *de los mas ilustres profesores de las bellas artes en España.*

On lui attribue également une autre eau-forte, représentant *la Vierge et l'enfant Jésus* qui, si nos souvenirs sont exacts, porte la signature, évidemment apocryphe : *Bartolome Moryllo fecit.*

La Bibliothèque nationale de Madrid possède ces deux petites gravures; elles proviennent de la collection de feu don Valentin Carderera.

C'est encore à cette même riche collection que cette Bibliothèque doit aujourd'hui de pouvoir offrir à l'étude quelques dessins typiques de presque tous les maîtres espagnols. Or, parmi ces dessins, nous nous rappelons avoir vu une superbe étude pour la *Multiplication des pains*, exécutée à la plume et lavée de bistre, qui dépasse de beaucoup, par l'importance de la composition, tous ceux des dessins de l'artiste qu'il nous a été donné de voir au Louvre et ailleurs, y compris même cette curieuse étude de *vaisseaux*, faite sans doute par Murillo lors de son séjour à Cadix, et que cite Cean Bermudez.

LA RÉVÉLATION DU SONGE DU PATRICIEN.

CATALOGUE
DES
PRINCIPALES PEINTURES
DE
MURILLO

SUJETS RELIGIEUX

ANCIEN TESTAMENT

1. *Abraham et les trois Anges.* — Duc de Sutherland. Stafford house, Londres.
   Provient de l'hôpital de la *Caridad* de Séville, d'où il fut enlevé par le maréchal Soult. Gravé par Reveil.

2. *Abraham et les trois Anges.* — Duc de Norfolk. Londres.
   Gravé au trait par Price et W. Holl, en mezzo, par J.-G. Facini.

3. *Le Sacrifice d'Abraham.* — William-C. Cartwright. Aynhoe (Northamptonshire).
   Apporté d'Espagne, vers 1760, par M.-J. Blackwood.

4. *Rebecca et Eliezer.* — Musée du Prado. Madrid (n° 855).
Cinq fig. principales. Acquis à Séville par Philippe V en 1729. Lith. par Decraene-Mugica. Gravé à l'eau-forte par Buxo. — 1ᵐ07 × 1ᵐ51.

5. *Isaac bénissant Jacob.* — Duc de Wellington. Londres.

6. *Isaac bénissant Jacob.* — Ermitage. Saint-Pétersbourg.
Acquis à Paris en 1811, pour l'Hermitage. — 2ᵐ45 × 3ᵐ58.

7. *Le Songe de Jacob.* — Ermitage.
2ᵐ45 × 3ᵐ58.

8. *Le Songe de Jacob.*
Vente Aguado, 1853. Gravé au trait par Kernot. — 1ᵐ03 × 1ᵐ59.

9. *Jacob et les troupeaux de Laban.* — Sir John Hardy. Dunstall Hall (Staffordshire).
Vente Lord Northwick, 1859.

10. *L'Entrevue de Jacob et de Laban.* — Duc de Westminster. Grosvenor house, Londres.
Gravé par John Young.

11. *Jacob et Laban.*
Vente Aguado, 1843. Gravé au trait par J. Kernot. — 1ᵐ03 × 1ᵐ59.

12. *Jacob luttant avec l'Ange.*
Vente Aguado, 1843. Gravé au trait par Louise Pannier. — 0ᵐ48 × 0ᵐ65.

13. *Joseph et ses frères.* — Sir Richard Wallace. Bart, Londres.
Onze personnages, grandeur naturelle. Vente W. Cave, 1857. Photog. par Caldesi.

14. *Moïse frappant le rocher.* — Hôpital de la Charité. Séville.
Gravé au burin par Estève; en mezzo, par Boilly. La composition centrale a été gravée par Rogers, Blanchard, Girard et Sartain.

15. *Moïse frappant le rocher.* — Comte de Normanton. Somerby (Hampshire).
Esquisse du précédent.

16. *Tobie et l'Ange.* — William-C. Cartwright. Aynhoe (Northamptonshire).

17. *Ruth et Noémi.* — Comte de Radnor. Longford Castle (Wiltshire).
Personnages grand. nat.

NOUVEAU TESTAMENT

18. *L'Immaculée Conception.* — Musée de Séville (n° 93).
Provient du couvent des Capucins de Séville. Photog. par Laurent. — 2ᵐ80 × 1ᵐ92.

19. *L'Immaculée Conception.* — Musée de Séville (n° 55).
Provient de l'église des Capucins. Photog. par Laurent. — 2ᵐ24 × 1ᵐ78.

20. *L'Immaculée Conception.* — Samuel Sandars. Tunbridge, Wells Kent.

SUJETS RELIGIEUX.

21. *L'Immaculée Conception.* — Musée de Séville (n° 68).
    Provient de l'église du couvent des Franciscains. Gravé au trait par Martin, à l'eau-forte par Jameson. Lith. par Weinhold. — 3ᵐ02 × 2ᵐ75.

22. *L'Immaculée Conception.* — Musée de Séville (n° 116).
    Photog. par Laurent. — 0ᵐ62 × 0ᵐ48.

23. *L'Immaculée Conception.* — Cathédrale de Séville.
    Grand. nat. Sur panneau. Peint vers 1668.

24. *L'Immaculée Conception.* — Église de San Felipe Neri. Cadix.
    Grand. nat.

25. *L'Immaculée Conception.* — Église des Capucins. Cadix.
    Photog. par Laurent.

26. *L'Immaculée Conception.* — Musée du Prado. Madrid (n° 878).
    Provient du palais de San-Ildefonso. Lith. par De Craene, Lemoine, Raunheim, Lassalle. En mezzo, par Domingo Martinez. — 2ᵐ06 × 1ᵐ44.

27. *L'Immaculée Conception.* — Musée du Prado. Madrid (n° 880).
    Provient du palais d'Aranjuez. Gravé au trait par Bart. Vasquez. En mezzo, par Ballin. 2ᵐ22 × 1ᵐ18.

28. *L'Immaculée Conception.* — Musée du Prado. Madrid (n° 877).
    Coll. Isabelle Farnèse. Braun, photog. — 0ᵐ96 × 0ᵐ64.

29. *L'Immaculée Conception.* — Musée du Louvre. Paris (n° 539).
    Provient de l'hôpital des *Vénérables*, à Séville. Acquis en 1852 à la vente du maréchal Soult. Gravé par Lefevre, Burdet, Massard, Cousin, French, Regnault, Eichens, Cornillet, Cottin. Lith. par Llanta, Geoffroy, Pingot, Graille, Jacott, Lavigne. — 2ᵐ74 × 1ᵐ90.

30. *L'Immaculée Conception.* — Musée du Louvre (n° 538).
    Enlevé par le maréchal Soult à l'église de Santa-Maria-la-Blanca, à Séville. Coll. Louis-Philippe. Gravé par Migneret. — 1ᵐ72 × 2ᵐ85.

31. *L'Immaculée Conception.* — Musée du Louvre (n° 541).
    Petite esquisse. Acquise en 1855 de José de Mazarredo. Lith. par Llanta. — 0ᵐ35 × 0ᵐ26.

32. *L'Immaculée Conception.* — Comte de Northbrook. Londres.
    Autrefois au couvent des Carmélites, à Madrid. Rapporté d'Espagne par Lebrun. Gravé par Carmona et Graves.

33. *L'Immaculée Conception.* — William-C. Cartwright. Aynhoe (Northamptonshire).
    Gravé par Mc Ardell et Coombs. Lith. par Lafosse.

34. *L'Immaculée Conception.* — William-H. Aspinwall. New-York.
    Pris au Palais royal de Madrid par le général Desolle. Vente du roi de Hollande, 1850. — 1ᵐ08 × 1ᵐ35.

35. *L'Immaculée Conception.* — Lord Overstone. Londres.
    Semblable au précédent. Acquis, en 1844, de Sir J.-M. Brackenbury.

36. *L'Immaculée Conception.*
    Vente Louis-Philippe. Gravé au trait par Bridoux, Clément, Carey, Ridgeway. Lith. par Chamouin, Tessier. — 0ᵐ46 × 0ᵐ35.

37. *L'Immaculée Conception.* — Mrs. George Perkins. Londres.
Ventes Altamira, 1827, W.-G. Coesvelt, 1840. Gravé par Joubert.

38. *L'Immaculée Conception.* — Marquis de Lansdowne. Londres.
Vente Zachary, 1838.

39. *L'Immaculée Conception.* — Comte de Caledon. Londres.
Grand. nat. Acquis à la vente de Lady Harriet Daly, 1820-27.

40. *L'Immaculée Conception.* — Robert Lewis Lloyd. Beckenham, Kent.
Grand. nat.

41. *L'Immaculée Conception.* — Mrs. Henry Graves and C°. Londres.
Grand. nat. Signé et daté, 1681.

42. *L'Immaculée Conception.* — South-Kensington Museum. Londres.
Légué en 1882 par M. John Jones.

43. *L'Immaculée Conception.* — George Vivian. Claverton Manor, Somerset.
Sur cuivre.

44. *L'Immaculée Conception.* — Ermitage.
Acquis en 1842 de la famille Braschi. Photog. par Röttger. — 2m 36 × 1m 96.

45. *L'Immaculée Conception.* — Mrs. Culling-Haubury (Hertfordshire).
Gravé par Knolle.

46. *L'Immaculée Conception.* — D. Manuel Lopez Cepero. Séville.
Provient de la galerie Joaquin Saenz y Saens, à Séville.

47. *L'Immaculée Conception.* — Musée du Prado. Madrid (n° 879).
Ancienne coll. de la reine Isabelle Farnèse, au palais de San Ildefonso. Gravé par Garnier. Lith. par Baussac, Thielly, Meudel et Acevedo. — 0m 91 × 0m 70.

48. *L'Immaculée Conception.* — W.-F.-B. Massey-Mainwaring. Londres [1].

49. *L'Assomption de la Vierge.* — Comte de Northbrook. Londres.
Octogone.

50. *L'Assomption de la Vierge.* — Alfred Fletcher. Allerton Hall, Liverpool.
Autrefois au couvent des Capucins, à Gênes. Vente Walsh Power, 1810.

51. *L'Assomption de la Vierge.* — Sir Richard Wallace. Londres.

52. *L'Assomption de la Vierge.* — Ermitage.
De la galerie Houghton. Gravé par Val. Green. Lith. par Huot. — 1m 97 × 1m 43.

53. *La Naissance de la Vierge.* — Musée du Louvre (n° 540).
Peint vers 1655, pour la cathédrale de Séville, et enlevé par le maréchal Soult, à la vente duquel il fut acquis en 1852. Gravé par Martinet, Masson, Massard, Dammon. — 1m 84 × 3m 60.

---

1. Dans son catalogue descriptif publié à Londres et à New-York, 1883, des tableaux de Velazquez et de Murillo, M. Ch.-B. Curtis enregistre un grand nombre d'exemplaires de l'*Immaculée Conception*, ayant passé dans des ventes publiques ou appartenant à des coll. particulières. Nous étant limité à ne faire figurer ici que les principales peintures du maître, nous renvoyons le lecteur au catalogue si complet de M. Curtis pour tous les ouvrages que nous n'avons pu énumérer.

SUJETS RELIGIEUX.

54. *L'Éducation de la Vierge*. — Musée du Prado. Madrid (n° 872).
Peint vers 1674. Coll. Isabelle Farnèse. Lith. par Decraene, Eichens, Prat, Jacott, Jendelle, Vogt, Maurin. — 2ᵐ19 ✕ 1ᵐ65.

55. *L'Éducation de la Vierge*. — Musée du Prado. Madrid (n° 873).
Esquisse. Photog. par Braun. — 0ᵐ47 ✕ 0ᵐ25.

56. *L'Éducation de la Vierge*. — Edward-A. Leatham. Londres.
Esquisse. Acquise à la vente de l'évêque d'Ely, 1864.

57. *Le Mariage de la Vierge*. — Sir Richard Wallace. Londres.

58. *Le Mariage de la Vierge*. — Comte de Listowell. Londres.
Grand. nat.

59. *L'Annonciation*. — Musée de Séville (n° 96).
Photog. par Laurent. — 3ᵐ20 ✕ 2ᵐ18.

60. *L'Annonciation*. — Philip W. S. Miles. King's Weston (Gloucestershire).
Le même que le précédent. Rapporté d'Espagne par M. Vaughan de Bristol.

61. *L'Annonciation*. — Hôpital de la Charité. Séville.
Peint vers 1674.

62. *L'Annonciation*. — Musée d'Amsterdam.
Répétition du précédent. Acquis en 1809. — 0ᵐ96 ✕ 0ᵐ99.

63. *L'Annonciation*. — Musée du Prado. Madrid (n° 856).
Autrefois à l'Académie de San-Fernando. Lith. par A. Guglielmi. — 1ᵐ85 ✕ 2ᵐ25.

64. *L'Annonciation*. — Musée du Prado. Madrid (n° 867).
Acquis par Philippe V, à Séville, en 1729. Coll. Isabelle Farnèse. Lith. par Marin, Lavigne et Decraene. — 1ᵐ25 ✕ 1ᵐ03.

65. *L'Annonciation*. — Ermitage.
Répétition du précédent. Acquis en 1814, à Amsterdam, par M. Cœsvelt. Lith. par Huot. — 1ᵐ38 ✕ 1ᵐ11.

66. *L'Annonciation*. — Sir Richard Wallace. Londres.
Rapporté d'Espagne par M. Rayneval, ancien ambassadeur français à Madrid. Vente Aguado, 1843. Gravé par Lefèvre, Rogers, Hulland. Lith. par Audré, Lafosse, Blümmer. — 1ᵐ78 ✕ 1ᵐ20.

67. *Mater Dolorosa*. — Musée du Prado. Madrid (n° 896).
En buste. De la coll. Isabelle Farnèse. Photog. par Laurent. — 0ᵐ52 ✕ 0ᵐ41.

68. *Mater Dolorosa*. — Duc de Villahermosa. Madrid.
Répétition du précédent.

69. *Mater Dolorosa*. — Mrs. William Gibbs. Tyntesfield, Somerset.
Buste. Lith. par Weinhold, Barry.

70. *Mater Dolorosa*. — William-C. Cartwright. Aynhoe.
A mi-corps.

71. *Mater Dolorosa*.
A peu près à mi-corps. Vente Soult, 1852. Il en existe encore une copie derrière le grand autel de la cathédrale de Séville. Gravé par Cousin et Blanchard.

72. *La Vierge.* — Francis Cook. Richmond Hill, Surrey.
Buste. Vente Wynn Ellis, 1876.

73. *La Vierge.* — Marquis de Lansdowne. Londres.
Grand. nat. Acquis vers 1840.

74. *La Vierge.* — Robert-S. Holford. Weston Birt. Tetbury (Gloucestershire).
Buste.

75. *La Vierge.* — Roberts. Holford. Weston Birt.
A mi-corps. Rapporté en Angleterre par Sir J.-M. Brackenbury.

76. *La Vierge et l'Enfant.* — Dulwich Gallery.
Grand. nat. Rapporté par M. Arreyne Fitzherbert, plus tard Lord Saint-Helens, ambassadeur, vers 1790. Gravé par W. Say, Robert Graves. Lith. par Lavigne, Maggi, Prat.

77. *La Vierge et l'Enfant.* — Lord Overstone. Locking (Berkshire).
Gravé par Leroux. Lith. par Maggi.

78. *La Vierge et l'Enfant.* — Lord Overstone. Londres.
Étude pour le précédent. De la coll. Edward Gray, de Harringhay house.

79. *La Vierge et l'Enfant.* — Lord Methuen. Corsham court (Wiltshire).
Rapporté d'Espagne par Sir P. Methuen, ambassadeur à Madrid, vers 1700.

80. *La Vierge et l'Enfant.* — Musée de La Haye.
Grand. nat. Autrefois au monastère à Ypres. Lith. par Victorine Peemans et Waauders. — $1^m 90 \times 1^m 37$.

81. *La Vierge au chapelet avec l'Enfant.* — Musée du Louvre (n° 542).
Grand. nat. Ventes Randon de Boisset, 1777, comte de Vaudreuil. Gravé par Henriques, Ballin. Lith. par Lavigne, Vallet, Weber, etc. — $1^m 66 \times 1^m 25$.

82. *La Vierge au chapelet avec l'Enfant.* — Musée de Dresde.
Grand. nat. Gravé par Semmler, Pound, Seiffert. Lith. par Haufstaengl.

83. *La Vierge au chapelet avec l'Enfant.* — Galerie Pitti. Florence.
Grand. nat. Gravé par Mancion. — $1^m 65 \times 1^m 09$.

84. *La Vierge au chapelet avec l'Enfant.* — Musée du Prado. Madrid (n° 870).
Grand. nat. Provient de l'Escurial. Gravé par Maura. — $1^m 64 \times 1^m 10$.

85. *La Vierge au chapelet avec l'Enfant.* — Sir William Eden. Windlestone house, Durham.
Grand. nat. Autrefois au couvent des Carmélites chaussées, à Séville.

86. *La Vierge au chapelet avec l'Enfant.* — Sir Richard Wallace. Londres.
Provient de la vente Hope, 1849.

87. *La Vierge et l'Enfant.* — Galerie Pitti. Florence.
Grand. nat. Gravé par Ballero, Martelli, Perfetti, Steinla. Lith. par Prat, Thomas. — $1^m 55 \times 1^m 05$.

88. *La Vierge et l'Enfant.* — Palais Corsini. Rome.

89. *La Vierge et l'Enfant.* — Musée du Prado. Madrid (n° 862).
Grand. nat. Photog. par Braun. — $1^m 51 \times 1^m 03$.

SUJETS RELIGIEUX.

90. *La Vierge et l'Enfant.* — Sir Richard Wallace. Londres.
Vente Hugh Baillie, 1858. Gravé par Esteban Boix.

91. *La Vierge et l'Enfant.* — Musée de Séville (n° 65).
Grand. nat. Peint vers 1641. Provient du couvent des religieuses de la Merci de San José. Gravé par Boilly. — 1ᵐ66 × 1ᵐ07.

92. *La Vierge et l'Enfant.* — Musée de Berlin.
Répétition ou copie du précédent. Acquis en 1875 de M. Suermondt. — 1ᵐ59 × 1ᵐ09.

93. *La Vierge et l'Enfant.* — Lord Overstone. Londres.
Grand. nat. Vente Lord Berwick, 1825.

94. *La Vierge et l'Enfant.*
Grand. nat. Vente Lord Kinnaird, 1813. Gravé par C. Turner.

95. *La Vierge et l'Enfant.* — Sir William Eden. Windlestone house, Durham.
Grand. nat. Acquis en 1834.

96. *La Vierge et l'Enfant.* — Musée de Séville (n° 72). *La Virgén de Belen.*
Trois quarts de grand. nat. Provient du couvent des Capucins à Séville. Laurent, photog. — 1ᵐ18 × 0ᵐ97.

97. *La Vierge et l'Enfant.* — Académie de San-Fernando. Madrid.
Grand. nat. Photog. par Laurent.

98. *La Vierge et l'Enfant.* — Héritiers de l'infant don Sebastien. Pau.
1ᵐ03 × 0ᵐ83.

99. *La Vierge et l'Enfant.* — Duc de Montpensier. Palais San-Telmo, à Séville. Appelée « *La Vierge à la ceinture.* »
Vente Louis-Philippe. Lith. par Lavigne, Geoffroy, Coquardon, Prat, Ricaud, Lafosse, Laujol, Everwyn, Vayron. — 1ᵐ37 × 1ᵐ12.

100. *La Vierge et l'Enfant.* — William-H. Smith. Greenlands, Henley-on-Thames (Buckinghamshire).
Répétition du précédent. Vente R.-W. Billings, 1876.

101. *La Vierge et l'Enfant.*
Trois quarts de grand. nat. Vente Aguado, 1843. Gravé par Lefevre. — 1ᵐ11 × 0ᵐ86.

102. *La Vierge et l'Enfant.*
Vente Aguado, 1843. Gravé par Dien et Leroux. Lith. par Llanta. — 0ᵐ46 × 0ᵐ36.

103. *La Vierge et l'Enfant.* — Duc de Bedford. Londres.
Ventes Calonne, 1795, et Bryam, 1798. Il existe une ancienne copie à l'église de Saint-Isidore, à Séville.

104. *La Vierge et l'Enfant.* — Comtesse R. de Pourtalès. Paris.
Répétition du précédent. Ventes Faviers, 1837, et Pourtalès, 1835. Photog. par Goupil. 1ᵐ03 × 0ᵐ78.

105. *La Vierge et l'Enfant.* — Henri Mason. New-York.
Répétition du précédent. Vente Salamanca, 1867. — 0ᵐ93 × 0ᵐ78.

106. *La Vierge et l'Enfant.* — Mˡˡᵉ Dosne. Paris.
Gravé par Flamet.

107. *La Vierge et l'Enfant.* — Sir Richard Wallace. Londres.
Trois quarts de grand. nat. De la coll. Casimir Périer.

108. *La Vierge et l'Enfant.* — Francis Clare Ford. Londres.
Trois quarts de grand. nat. Vente Standish, 1843.

109. *La Vierge et l'Enfant.* — Baron Speck. Leipsick.
Lith. par Frank.

110. *La Vierge et l'Enfant.* — Musée de Séville (n° 52). Appelée « *La Vierge à la serviette.* »
A mi-corps. Gravé par Blas-Amettler, Boilly, Maurin. — 0^m 66 × 0^m 70.

111. *La Vierge et l'Enfant et plusieurs prêtres.* — Galerie de Pesth.
Grand. nat. Peint vers 1678 pour le réfectoire de l'hôpital des Vénérables, ce tableau a été emporté par le maréchal Soult, puis est passé entre les mains du prince Esterhazy, dont la galerie a été acquise en 1870 par la couronne de Hongrie. Une copie au musée de Cadix. Gravé par Ballin et Aximann. Lith. par Folger.

112. *La Vierge et l'Enfant et sainte Rosalie.* — Duc de Rutland. Belvoir Castle (Leicestershire).
Sept figures.

113. *La Vierge et l'Enfant et sainte Rosalie.* — Sir Richard Wallace. Londres.
A mi-corps, un peu moins que grand. nat.

114. *La Vierge et l'Enfant et plusieurs saints.* — Sir Richard Wallace. Londres.
Vente Aguado, 1843. Gravé par Nargeot. — 0^m 70 × 0^m 51.

115. *La Vierge et l'Enfant et plusieurs saints.* — Musée Fitzwilliam. Cambridge.

116. *L'Adoration des bergers.* — Musée de Séville (n° 86).
Sept fig. Grand. nat. Provient de l'église des Capucins de Séville. Photog. par Laurent. 2^m 77 × 1^m 81.

117. *L'Adoration des bergers.* — Vatican. Rome.
Répétition du précédent avec diverses modifications. Grand. nat.

118. *L'Adoration des bergers.* — Duc de Sutherland. Stafford house, Londres.
Peut-être l'esquisse du tableau du musée de Séville.

119. *L'Adoration des bergers.* — Musée du Prado. Madrid (n° 859).
Cinq fig. Gravé par Huvert. Lith. par Feillet. — 1^m 57 × 2^m 23.

120. *L'Adoration des bergers.* — Ermitage.
Sept fig. De la galerie Houghton. Gravé par Val. Green.

121. *L'Adoration des bergers.* — Sir Richard Wallace. Londres.
Coll. Boursault, 1839. Vente Saltmanshe, 1846.

122. *L'Adoration des bergers.* — Ermitage.
Probablement l'esquisse du précédent. Acquis en 1834, à Cadix, par M. Gessler, consul général en Espagne. — 0^m 43 × 0^m 61.

123. *L'Adoration des rois.* — Duc de Rutland. Belvoir Castle (Leicestershire).
Onze personnages grand. nat.

LA VIERGE ET L'ENFANT JÉSUS.
(Musée de Madrid.)

PEINTURES DE MURILLO.

124. *La Fuite en Égypte.* — Duchesse de Galliera. Paris.
Peint vers 1648 pour le couvent de la Merci, maintenant le musée de Séville. Rapporté par le maréchal Soult. — $2^m12 \times 1^m66$.

125. *La Fuite en Égypte.* — Musée de Pesth.
Demi-grand. nat. Ancienne galerie du prince Esterhazy, à Vienne. Gravé par Rauscher.

126. *La Fuite en Égypte.* — Mrs. Culling-Hanbury. Bedwell Park, Herts.

127. *La Fuite en Égypte.* — Ermitage.
De la coll. Houghton. Gravé par Spillsbury. — $0^m09 \times 0^m61$.

128. *Le Repos en Égypte.* — Ermitage.
Vente Gaignat, 1768. Gravé par Walker et Sanders. — $1^m36 \times 1^m79$.

129. *Le Repos en Égypte.* — Comte de Northbrook. Londres.
Répétition du précédent. Aurait été acquis à la vente Lucien Bonaparte, 1816. Gravé par Ghigi.

130. *Le Repos en Égypte.* — Sir Philip. Miles. Leigh Court, Somerset.
Répétition du précédent. Gravé par John Young.

131. *Le Repos en Égypte.* — Musée de Glasgow.
Répétition du précédent.

132. *Le Repos en Égypte.* — Comte de Strafford. Wrotham Park, Herte.

133. *Sainte Famille.* — National Gallery. Londres.
Gravé par Brindoux. John C. Mekae. Lith. par Lavigne et Franquinet.

134. *Sainte Famille ou la Trinité.* — Martin Colnaghi. Londres.
Vente Standish, 1853. Lith. par Hermann Eichens et Prat. — $2^m22 \times 1^m42$.

135. *Sainte Famille.* — Musée du Prado. Madrid (n° 854). Dite *La sainte Famille « del pajarito »*.
Gravé par Carmona, Gallart, Maura; Lith. par Luis Zoellner, Lemoine, Vallejo. - $1^m44 \times 1^m88$.

136. *Sainte Famille.* — Ermitage.
Vente de Tallard, 1776. Gravé par Tilliard. — $0^m23 \times 0^m18$.

137. *Sainte Famille.* — Rev. Thomas Staniforth. Stons Hall, Windermere, Westmoreland.
Vente Lawrence Dundas, 1794. Rapporté d'Espagne par Blackwood, vers 1760. Gravé par Chambers.

138. *Sainte Famille.* — Metropolitan Museum of Art. New-York.
Signé.

139. *Sainte Famille.* — Sir Philip. Miles. Leigh Court, Somerset.
Trois quarts de grand. nat. Ventes Calonne, 1795, et Henry Hope, 1816. Gravé par Heath.

140. *Sainte Famille.* — Comte de Northbrook. Stratton (Hampshire).

141. *Sainte Famille.* — Duc de Devonshire. Chatsworth (Derbyshire).
Au tiers de grand. nat.

SUJETS RELIGIEUX.

142. *Sainte Famille.* — Henry G. Bohn. Twickenham, Middlesex.
Vente Hou. F. Bynez, 1871.

143. *Sainte Famille.* — Comte de Wemyss. Gosford Hall, East Lothian (Perthshire).

144. *Sainte Famille.* — Lord Heytesbury (Wiltshire).

145. *La Sainte Famille et saint Jean.*
Trois quarts de grand. nat. Gravé par Romanet.

146. *La Sainte Famille et saint Jean.* — Lord Heytesbury (Wiltshire).
Forme ronde.

147. *La Sainte Famille et saint Jean.* — Duc de Rutland. Belvoir Castle (Leicestershire).
Grand. nat. Acquis en 1729 par le colonel W. Stanhope.

148. *La Sainte Famille et saint Jean.* — Lord Overstone. Londres.
Sur bois; forme ronde. Acquis en 1831.

149. *La Sainte Famille et saint Jean.* — Musée de Pesth.
Demi-grand. nat. De la coll. Esterhazy. Gravé par Rauscher.

150. *La Sainte Famille et saint Jean.* — Sir Richard Wallace. Londres.
Grand. nat. Vente Hope (?), 1849.

151. *La Sainte Famille et saint Jean.* — Edmund Foster. Clewer Manor. Berks.
Répétition du précédent.

152. *La Sainte Famille et saint Jean.* — Marquis de Lansdowne. Londres.
Grand. nat. Octogone, sur cuivre. Au dos du tableau est un papier certifiant que cette peinture a été donnée, en 1800, par Jovellanos à Lord Holland.

153. *La Vierge, l'Enfant et saint Jean.* — Sir William Stirling. Maxwell-Keir (Perthshire).

154. *La Vierge, l'Enfant, saint Jean et sainte Elisabeth.* Dite « *La Vierge de Séville* ». — Musée du Louvre (n° 543).
Signé. Probablement peint vers 1670. Acquis par Louis XVI. Gravé par Boilly, Alais. Lith. par Weber, Lemoine, Blot, Kramp, Lanjol, Bry, Robillard, Llanta, Maurin, Maggi, Vallet, Lafosse, Geoffroy. — 2^{m}40 × 1^{m}90.

155. *L'Enfant Jésus endormi.* — Comte Howe. Londres.
Gravé par Carmona.

156. *L'Enfant Jésus endormi.* — Comte de Clarendon. Londres.

157. *L'Enfant Jésus endormi.* — Musée du Prado. Madrid (n° 886).
Acquis par le roi Charles III. Photog. par Laurent. — 0^{m}63 × 0^{m}88.

158. *L'Enfant Jésus endormi.* — D. José Morales y Guttierez. Séville.

159. *L'Enfant Jésus endormi.* — Duc de Westminster. Grosvenor House. Londres.
Rapporté d'Espagne vers 1760 par M. Blackwood. Vente Lawrence Dundas, 1794. Gravé par John Young.

160. *L'Enfant Jésus endormi.* — Comte de Normanton. Somerby (Hampshire).

161. *L'Enfant Jésus endormi.* — Comte de Roseberry (?). *El Sueño.*
   Acquis à Cadix vers 1876.

162. *Le Sauveur du monde.* — Hôpital de la Charité. Séville.
   Peint vers 1661. Gravé par Boilly. Lith. par Frenzel.

163. *Le Sauveur du monde.* Comte de Somers. Londres.
   Répétition du précédent.

164. *Le Sauveur du monde.* — Georges Vivian. Claverton Manor, Somerset.
   Vente Hope, 1816.

165. *Le Bon Pasteur.* — Baron Rothschild. Gunnersbury, près Londres.
   Ventes comte de La Guièze, 1771; marquis de Preslo, 1779; Robit, 1801; Simon Clarke, 1840. Gravé par Thomas Major, Cooper, Duclos, Heatz, Armytage, Virtue, Graves, etc.

166. *Le Bon Pasteur.* — Comte de Wemyss. Gosford Hall, East Lothian (Perthshire).
   Répétition du précédent.

167. *Le Bon Pasteur.* — Comte Henri de Greffühle. Paris.
   Donné par la reine Isabelle à M. Guizot. Vendu en 1874. — $0^m56 \times 0^m41$.

168. *Le Bon Pasteur.* — Galerie Leuchtenberg. Saint-Pétersbourg.
   Lith. par Leiter.

169. *Le Bon Pasteur.* — Madrid, Musée du Prado (n° 864).
   Coll. Isabelle Farnèse. Gravé par Waltner. Lith. par Abrial, Lemoine, Lafosse. — $1^m23 \times 1^m01$.

170. *Le Bon Pasteur.* — D. Manuel Lopez Cepero. Séville.
   Répétition précédente. — $1^m05 \times 0^m77$.

171. *Le Bon Pasteur.* — Université de Glasgow.
   Grand. nat. Légué à l'Université par M. William Hunter. Gravé par Strange, Virtue, Ledoux, Angel.

172. *L'Enfant Jésus et saint Jean.* Appelée « *Los Niños de la Concha* ». — Musée du Prado. Madrid (n° 866).
   Du Palais de San-Ildefonso, coll. Isabelle Farnèse. Lith. par Camaron, Lafosse, Asselineau, Ledoux. — $1^m04 \times 1^m24$.

173. *Le Baptême du Christ.* — Cathédrale de Séville.
   Grand. nat. Laurent, photog.

174. *Le Baptême du Christ.*
   Grand. nat. Ancienne coll. Burdon. Vente Burdon, 1862.

175. *Le Baptême du Christ.* — Duc de Montpensier, château de Randon (Puy-de-Dôme).
   Vente Louis-Philippe. Lith. par Sevestre. — $2^m68 \times 1^m80$.

176. *Le Baptême du Christ.*
   Grand. nat. Ancienne coll. Auderdon. Vente Auderdon, 1847.

SUJETS RELIGIEUX. 81

177. *Les Noces de Cana.* — Marquis de Ailesbury (Wiltshire).
Ventes Julienne, 1767; Guillaume, 1769; Prince de Conti, 1777; Boileau, 1779; Robit, 1802; Hibbert, 1820.

178. *Le Miracle des Pains et des Poissons.* — Hôpital de la Charité. Séville.
Gravé par Levasseur, Boilly.

179. *Le Miracle des Pains et des Poissons.*
Esquisse du précédent. Vente H.-A.-J. Munro, 1878.

180. *Le Christ guérissant le paralytique.* — Georges Tomline. Orwel Park, Suffolk.
Provient de l'hôpital de la *Caridad*, à Séville. Acquis en 1846 du maréchal Soult. Gravé par Vernon.

181. *L'Enfant prodigue recevant sa part.* — Comte de Dudley, Londres.
Vente Salamanca, 1867.

182. *L'Enfant prodigue recevant sa part.* — Musée du Prado. Madrid (n° 882).
Esquisse du précédent. — $0^m27 \times 0^m34$.

183. *Le Départ de l'Enfant prodigue.* — Comte de Dudley.
Vente Salamanca, 1867.

184. *Le Départ de l'Enfant prodigue.* — Musée du Prado. Madrid (n° 883).
Esquisse du précédent. — $0^m27 \times 0^m34$.

185. *Le Festin de l'Enfant prodigue.* — Comte de Dudley.
Six fig. Vente Salamanca, 1867.

186. *Le Festin de l'Enfant prodigue.* — Musée du Prado. Madrid (n° 884).
Esquisse du précédent. — $0^m27 \times 0^m34$.

187. *L'Enfant prodigue mendiant.* — Comte de Dudley.
Vente Salamanca, 1867.

188. *L'Enfant prodigue gardant les pourceaux.* — Comte de Dudley.
Vente Salamanca, 1867.

189. *L'Enfant prodigue gardant les pourceaux.* — Musée du Prado. Madrid (n° 885).
Esquisse du précédent. — $0^m27 \times 0^m34$.

190. *Le Retour de l'Enfant prodigue.* — Comte de Dudley.
Cinq personnages. Donné en 1856 par la reine Isabelle au pape Pie IX. Acquis en 1872 en échange d'une *Sainte-Famille* de Bonifazio et une *Vierge* de Fra Angelico.

191. *Le Retour de l'Enfant prodigue.* — Stafford house.

192. *La Cène.* — Église de Santa-Maria-la-Blanca. Séville.
$2^m65 \times 2^m65$.

193. *Le Christ dans le jardin des Oliviers.* — Musée du Louvre (n° 544).
Sur marbre. Coll. Louis XVI. Vente de Vaudreuil, 1784. Gravé par Godefroy. — $0^m36 \times 0^m28$.

MURILLO.

194. *Le Christ à la colonne.* — Musée du Louvre (n° 545).
Sur marbre. Coll. Louis XVI. Vente de Vaudreuil, 1784. Gravé par P. Landon.

195. *Ecce Homo.* — Musée de Cadix.
A mi-corps. Autrefois au couvent des Capucins, à Cadix. — 0m 81 × 0m 67.

196. *Ecce Homo.* — Mrs. Thomas Bircholl. Preston (Lancashire).

197. *Ecce Homo.* — Hon. Robert Baillie, Hamilton.
Sur panneau. Vente Louis-Philippe.

198. *Ecce Homo.* — William-C. Cartwright. Aynhoe (Northamptonshire).
Rapporté en Angleterre par M. Blackwood.

199. *Ecce Homo.* — Francis Cook. Richmond Hill. Sunez.
Buste. Gravé par Manuel Alegre.

200. *Ecce Homo.* — Musée du Prado. Madrid (n° 895).
Buste. De la coll. Isabelle Farnèse. Laurent, photog. — 0m 52 × 0m 41.

201. *Ecce Homo.* — Lord Overstone. Londres.
Ovale.

202. *Ecce Homo.* — A.-J. Beresford. Hope, Londres.
Grand. nat. Acquis de M. Henry Gally Knight.

203. *Ecce Homo.*
Buste. Ancienne galerie Louis-Philippe. Gravé par Collier-Rose. Lith. par Bany.

204. *Ecce Homo.* — Duc de Villahermosa. Madrid.
Répétition du précédent. Ovale. Grand. nat.

205. *Ecce Homo.* — Lord Ashburton. Londres.
Buste. Acquis en 1815 du général Sebastiani.

206. *Ecce Homo.* — Lord Ashburton.
Buste.

207. *Ecce Homo.* — Comte de Zetland (Yorkshire).

208. *La Flagellation.* — Duc de Wellington.
Trois fig. grand. nat.

209. *Le Christ après la flagellation.* — Francis Cook. Richmond Hill, Surrey.
Trois figures.

210. *Le Christ fléchissant sous la croix.*
Deux fig. grand. nat. Vente du comte d'Oxford, 1856.

211. *Le Crucifiement.* — Ermitage.
De la galerie Houghton. Gravé par Spilsbury. — 0m 99 × 0m 60.

212. *Le Christ sur la croix.* — Musée du Prado. Madrid (n° 874).
Du palais d'Aranjuez. Laurent, photog. — 1m 83 × 1m 07.

213. *Le Christ sur la croix.* — Musée du Prado. Madrid (n° 875).
Du palais d'Aranjuez. Braun, photog. — 0m 71 × 0m 54.

SUJETS RELIGIEUX.

214. *Le Christ sur la croix.* — Marquis de Mornay. Paris.
Vente Soult. — 1ᵐ98 × 1ᵐ40.

215. *Le Christ sur la croix.* — Francis Cook. Richmond Hill, Surrey.
Vente Strangford, 1864.

216. *Le Christ sur la croix.* — Comtesse de la Mejorada. Séville.

217. *Crucifix.* — D. Manuel Lopez Cepero. Séville.
Peint sur une petite croix de bois noir.

218. *Crucifix.* — Hôpital de la Charité. Séville.
Peint sur une croix de bois ajustée dans un panneau.

219. *Crucifix.* — Duchesse de Luynes. Paris.
Vente Charles Martin, 1876. Acquis en 1880 du duc de Westminster.

220. *Crucifix.* — Comtesse de la Mejorada. Séville.
Sur une croix de bois.

221. *Crucifix.* — Sir William Stirling-Maxwell. Keir (Perthshire).
Sur une croix de bois. Acquis en 1845 du don Salvador Gutierrez.

222. *Pietá.* — Musée de Séville (n° 75).
Peint vers 1676, pour le couvent des Capucins. Laurent, photog. — 1ᵐ68 × 2ᵐ13.

223. *Pietá.* — Philip. W. S. Miles. King's Weston (Gloucestershire).

224. *Pietá.* — Duc de Wellington.
Quatre personnages.

225. *La Résurrection.* — Académie de San-Fernando. Madrid.
Autrefois à la chapelle de *La Espiracion* au couvent de la *Merced Calzada*, à Séville. (Une étude au crayon rouge dans la collection Standish.) Gravé par Franch. — 2ᵐ43 × 1ᵐ64.

226. *Le Songe du Patricien.* — Académie de San-Fernando. Madrid.
Cintré du haut. Gravé par Domingo Martinez, Galvan, Soyer. — 2ᵐ30 × 5ᵐ22.

227. *Le Patricien racontant son songe.* — Académie de San-Fernando.
Cintré du haut. Gravé par D. Martinez, Galvan. Peint ainsi que le précédent pour l'église de Santa-Maria-la-Blanca. Enlevés à l'Espagne pendant la guerre de l'Indépendance, ces tableaux furent rentoilés et placés au Louvre. A la paix, ils furent restitués avec divers autres tableaux. — 2ᵐ30 × 5ᵐ22.

228. *La Foi offrant l'Eucharistie ou l'Église triomphante.* — Mᵐᵉ Lyne Stephens.
Peint pour l'église de Santa-Maria-la-Blanca. Rapporté par le général Favier. Vente Pourtalès, 1865. Photog., par Goupil. — 1ᵐ62 × 2ᵐ65.

229. *Les Ames au Purgatoire.*
Peint par ordre du duc d'Alba pour l'église de Gelves. A passé depuis dans les coll. de don Aniceto Bravo et de don Jorge Diez Martinez. Lith. par Portolé.

230. *L'Ange gardien.* — Cathédrale de Séville.
Peint pour le couvent des Capucins. L'esquisse a fait partie de la coll. Lopez Cepero, Séville. Gravé par Bell. — 1ᵐ70 × 1ᵐ18.

231. *Chérubins semant des fleurs.* — Duc de Bedford. Woburn Abbey (Bedfordshire).
   Six personnages.
232. *Un Ange.* — Walter R. Bauker. Kingston, Lacy, Dorset.
233. *Quatre Anges.* — Comte de Normanton. Somerby (Hampshire).
   Grand nat. Autrefois dans un couvent à Séville.
234. *Le Martyre de saint André.* — Musée du Prado. Madrid (n° 881).
   Laurent, phot. — 1ᵐ23 × 1ᵐ62.
235. *Le Martyre de saint André.* — Sir Philip. Miles. Leigh Conet, Somerset.
   Répétition du précédent.
236. *Saint Antoine de Padoue et l'enfant Jésus.* — Cathédrale de Séville.
   En 1874, un voleur enleva un fragment important de ce tableau (la figure du saint); ce fragment a été retrouvé et la toile est aujourd'hui parfaitement restaurée. Peint vers 1656. Lith. par Lemoine. — 5ᵐ50 × 3ᵐ30.
237. *Saint Antoine de Padoue et l'enfant Jésus.* — Musée de Séville (n° 92).
   Grand. nat. Peint pour l'église des Capucins.
238. *Saint Antoine de Padoue et l'enfant Jésus.* — Musée de Séville (n° 60).
   Trois quarts de grandeur. Peint pour le couvent des Capucins. Laurent, photog. — 1ᵐ90 × 1ᵐ22.
239. *Saint Antoine de Padoue et l'enfant Jésus.* — Comtesse de la Mejorada. Séville.
   Répétition du précédent.
240. *Saint Antoine de Padoue et l'enfant Jésus.* — Musée de Berlin.
   Acquis à Paris en 1835. C'était probablement le tableau qui appartenait au couvent de San Pedro de Alcantara, où il fut pris par Soult en 1810. Une étude originale, à la plume et en bistre rehaussé de blanc, appartient à M. J.-C. Robinson, à Londres. Gravé par Payne, Locillot de Mars. — 1ᵐ65 × 2ᵐ00.
241. *Saint Antoine de Padoue et l'enfant Jésus.* — Comte Dudley. Londres.
   Vente San-Donato, 1870. Gravé par Flameng.
242. *Saint Antoine de Padoue et l'enfant Jésus.* — Henry Hucks Gibbs. Londres.
   Acquis en 1853, à Séville, de M. Espelosin.
243. *Saint Antoine de Padoue et l'enfant Jésus.* — Comte de Roseberry (?).
   Vente H.-A.-J. Munro, 1878.
244. *Saint Antoine de Padoue et l'enfant Jésus.* — Ermitage.
   Grand. nat. Acquis en 1852. — 2ᵐ49 × 1ᵐ67.
245. *Saint Antoine de Padoue et l'enfant Jésus.* — Henry-G. Bohn. Twickenham, Middlesex.
246. *Saint Antoine de Padoue et l'enfant Jésus.* — William Cornwallis Cartwright. Aynhoe (Northamptonshire).

247. *Saint Antoine de Padoue et l'enfant Jésus.* — Lady Holland. Holland house, Londres.
   Grand. nat. Gravé par John Deau.
248. *Saint Antoine de Padoue et l'enfant Jésus.* — Duc de Sutherland, Stafford house, Londres.
   Grand. nat.
249. *Saint Antoine de Padoue et l'enfant Jésus.* — M. Eudoxe Marcille. Paris.
   A mi-corps. Sur cuivre. — 0^{m}23 × 0^{m}17.
250. *Saint Antoine de Padoue et l'enfant Jésus.* — Baronne Burdet. Coutts, Londres.
   Vente Samuel Rogers, 1856.
251. *Saint Augustin.* — Musée de Séville (n° 59).
   Peint sur un panneau. Provient du couvent de Saint-Augustin, à Séville. Laurent, photog. — 2^{m}50 × 1^{m}32.
252. *Saint Augustin.* — Musée de Séville (n° 54).
   Du couvent de Saint-Augustin, à Séville. Laurent, photog. — 2^{m}49 × 1^{m}32.
253. *Saint Augustin.* — Musée de Séville (n° 51).
   Esquisse. Du couvent de Saint-Augustin. — 1^{m}30 × 0^{m}72.
254. *Saint Augustin.* — Musée du Prado. Madrid (n° 860).
   Ancienne coll. du marquis de Los Llanos. Laurent, photog. — 2^{m}74 × 1^{m}95.
255. *Saint Augustin.* — George Tomline. Orwell Park, Suffolk.
   Grand. nat. Provient du couvent de Saint-Augustin. Rapporté à Paris par le maréchal Soult et acquis par M. Tomline en 1846.
256. *Saint Augustin.* — Sir Edmond A.-H. Lechmere. Rhydd Court (Worcestershire).
   Autrefois au couvent des religieuses de Saint-Léandro. Apporté lors de l'invasion française en 1810. Ventes Standish, Dennistoun, 1855, Lord Northwick, 1859.
257. *Saint Augustin.* — Joseph-T. Mills. Rugby (Warwickshire).
   Vente Louis-Philippe. — 1^{m}80 × 1^{m}35.
258. *Saint Augustin.* — Walter-R. Bauker. Kingston Lacy, Dorset.
   Grand. nat.
259. *Vision de saint Bernard.* — Musée du Prado. Madrid (n° 868).
   Grand. nat. Provient du palais de San-Ildefonso. Gravé par Muntauer, Bromley, Jameson, Alabern. — 3^{m}11 × 2^{m}49.
260. *Saint Bonaventure.* — Francis Cook. Richmond Hill, Surrey.
   Vente Louis-Philippe. Lord Jalling and Bullwer, 1873. Autrefois au couvent de San-Francisco, à Séville. Le duc de Montpensier en possède une ancienne copie.
261. *Le Mariage de sainte Catherine.* — Église des Capucins. Cadix.
   La dernière grande composition qu'ait peinte Murillo, qui tomba d'un échafaudage, en l'exécutant : elle a été terminée par son élève Menesès Osorio. Grand. nat. L'esquisse appartient au capitaine Davier.

261 bis. *Le Mariage de sainte Catherine.* — Vatican. Rome.
Trois personnages grand. nat. Deux à mi-corps. Donné par la reine Christine au pape Pie IX. Alinari, photog.

262. *Sainte Catherine.* — Duc de Wellington. Londres.
Buste grand. nat.

263. *Sainte Catherine.* — Église de Santa-Cruz. Medina del Rioseco.

264. *Mort de sainte Claire.* — Comte de Dudley. Londres.
Vingt-huit figures un peu moins que grand. nat. Autrefois au couvent de San-Francisco, à Séville. Rapporté en France par le général Favier. Ventes Aguado, 1865; Salamanca, 1867.

265. *Saint Diego d'Alcala ou La Cuisine des Anges.* — Musée du Louvre (n° 546).
Douze personnages presque grand. nat. Autrefois au couvent des Franciscains. Rapporté en France par Soult. — 1m80 × 4m50.

266. *Saint Diego d'Alcala avec les pauvres.* — Académie de San-Fernando. Madrid.
Dix-sept personnages grand. nat. Du couvent des Franciscains. Gravé par Navarete. 1m72 × 1m80.

267. *Saint Diego d'Alcala en extase devant la croix.* — Musée de Toulouse.
Six personnages. Du couvent de San-Francisco. Rapporté en France par le général Favier. Vente Aguado, 1843. (Acquis par le Gouvernement.) Gravé par Cousin. — 1m69 × 1m81.

268. *Saint Diego d'Alcala ou la Peste.* — Duc de Pozzo di Borgo. Paris.
Du couvent de San-Francisco. Rapporté par Soult. Vente Soult, 1852. — 1m78 × 1m90.

269. *Saint Diego d'Alcala surpris par le gardien.* — Charles B. Curtis. New-York.
Du couvent de San-Francisco. Cette peinture est passée successivement entre les mains de don Aniceto Bravo, don Jorge Diez Martinez, don Luis Portilla et, enfin, M. Shart, qui la vendit à M. Curtis. Gravé par Lalauze.

270. *Sainte Élisabeth de Hongrie pansant un teigneux.* — Académie de San-Fernando. Madrid.
Neuf personnages grand. nat. Autrefois à l'hôpital de la Charité, à Séville. Apporté à Paris pendant la guerre de l'Indépendance et rendu à l'Espagne en 1815. Gravé par Boutrois, Martinez. Lith. par Decraene, Lafosse, Chevalier, Vogt, Defrondat, Lavigne, Charpentier, Jannin. — 4m20 × 3m20.

271. *Sainte Élisabeth de Hongrie.* — John L.-O. Sullivan. New-York.
Sur bois. Acquis à Lisbonne en 1848.

272. *Saint Félix de Cantalicie.* — Musée de Séville (n° 90).
Grand. nat. Du couvent des Capucins de Séville. Laurent, photog. — 2m95 × 1m95.

273. *Saint Félix de Cantalicie.* — Musée de Séville (n° 53).
Trois quarts de grandeur. Du couvent des Capucins. Laurent, photog. — 1m89 × 1m20.

274. *Saint Félix de Cantalicie.* — Lord Elcho. Londres.
Grand. nat. Vente Louis-Philippe. Une ancienne copie à M. Roberto Kith, Séville. — 2m06 × 2m06.

SUJETS RELIGIEUX.

275. *Saint Ferdinand.* — Cathédrale de Séville.
En buste. Grand. nat. De forme circulaire.

276. *Saint Ferdinand.* — Cathédrale de Séville.
Grand. nat.

277. *Saint Ferdinand.* — Bibliothèque colombienne. Séville.
A mi-corps. Grand. nat. Laurent, photog.

278. *Saint Ferdinand.* — Musée du Prado. Madrid (n° 876).
Grand. nat. Peint vers 1671. Gravé par Carmona, Noseret. Lith. par Vilamil. — 0m56 × 0m38.

279. *Saint Ferdinand.*
Buste dans un ovale. Gravé par Matias de Arteaga.

280. *Saint Ferdinand.* — Héritiers de l'infant don Sébastien. Pau.
Buste dans un ovale. — 1m66 × 1m12.

281. *Saint François d'Assise.* — Héritiers de l'infant don Sébastien. Pau. *La Porciuncula.*
Peint pour l'église des Capucins. Lith. par Camaron. — 4m30 × 2m95.

282. *Saint François d'Assise. La Porciuncula.* — Musée du Prado. Madrid (n° 861).
Laurent, photog. — 2m06 × 1m46.

283. *Saint François d'Assise.* — Académie de San-Fernando. Madrid.
Deux personnages. Peint pour le couvent de San-Francisco. Laurent, photog. — 1m70 × 1m86.

284. *Saint François d'Assise.* — Musée de Séville (n° 88).
Peint pour le couvent des Capucins. Deux esquisses réduites existaient en 1794, l'une dans la coll. D. Pedro O'Crowley, à Cadix; l'autre, dans la coll. du marquis de Montehermosa, à Vittoria. Gravé par Guttierrez, Flameng. Lith. par Jacott, Soyer. — 2m77 × 1m81.

285. *Saint François d'Assise.* — George Salting. Londres.
Répétition du précédent, avec quelques changements.

286. *Saint François d'Assise.* — Henry-G. Bohn. Twickenham, Middlesex.
Esquisse. Ventes Louis-Philippe et Hoskins, 1864.

287. *Saint François d'Assise.* — Couvent des Capucins. Cadix.
Grand. nat. Laurent, photog.

288. *Saint François d'Assise.* — Sir William Fitzherbert. Londres.

289. *Saint François d'Assise.* — Don Nicolas Maestre. Séville.
1m95 × 1m62.

290. *Saint François d'Assise* (?). — Musée de Munich.
Acquis en 1815 du général Sebastiani.

291. *Saint François d'Assise.* — Sir William Eden. Windlestone Hall, Durham.

292. *Saint François d'Assise.* — Francis Cook. Richmond Hill.

293. *Saint François d'Assise.* — Henry-H. Gibbs. Londres.

294. *Saint François d'Assise en extase* (?). — George Perkins. Chipstead Place, Kent.

295. *Saint François d'Assise ou saint Antoine* (?). — Walter Alers Hankey. Saint Leonards-on-Sea, Sussex.
Panneau. Vente Arbert Levy, 1876.

296. *Saint François d'Assise.*
Vente Aguado, 1843. Gravé par Z. Prévost. — 2^{m}37 × 1^{m}84.

297. *Saint François de Paule.*
Ventes Lawrence Dundas, 1794. Ashburnham, 1850. Gravé par Mc Ardell.

298. *Saint François de Paule.* — George Perkins. Chipstead Place, Kent.

299. *Saint François de Paule.* — Musée du Prado. Madrid (n° 890).
Coll. Isabelle Farnèse. Gravé par Alabern. Lith. par Lemoine, Tessier. — 1^{m}04 × 1^m.

300. *Saint François de Paule.* — Lord Kinnaird (Perthshire).
Buste.

301. *Saint François de Paule.* — Musée du Prado. Madrid (n° 894).
A mi-corps. Lith. par Ugalde. — 0^{m}70 × 0^{m}50.

302. *Saint François de Paule.* — Musée du Prado. Madrid (n° 891).
Grand. nat. Du Palais d'Aranjuez. — 1^{m}11 × 0^{m}83.

303. *Saint François de Paule ou saint Raymond de Peñafort.*
Ventes Standish, 1853, R^t Hou, W.-E. Gladstone, 1875. — 0^{m}78 × 0^{m}99.

304. *Saint François Xavier.* — John-S.-W. Erle-Drax. OlantighTowers, Kent.
Grand. nat.

305. *Saint Gilles.* — Philip.-W.-S. Miles (Gloucestershire).
Un peu moins que grand. nat. Peint pour le couvent de San-Francisco. Rapporté en France par le général Favier et acquis à la vente Aguado, 1843. Gravé par Tavernier.

306. *Saint Herménégilde.* — Cathédrale de Séville.
Buste. Toile circulaire.

307. *Saint Ildefonse recevant la chasuble des mains de la Vierge.* — Musée du Prado. Madrid (n° 869).
Ancienne coll. de Philippe V. Gravé par Selma, Alabern. — 3^{m}09 × 2^{m}51.

308. *Saint Isidore.* — Cathédrale de Séville.
Grand. nat. Laurent, photog. — 1^{m}88 × 1^{m}66.

309. *Saint Isidore.* — Cathédrale de Séville.
Buste. Toile circulaire.

310. *Saint Jacques.* — Musée du Prado. Madrid (n° 863).
A mi-corps. Gravé par Carmona. Lith. par Camaron. — 1^{m}34 × 1^{m}07.

311. *Saint Jérôme.* — Musée du Prado. Madrid (n° 889).
A mi-corps. — 1^{m}25 × 1^{m}09.

SUJETS RELIGIEUX.

312. *Saint Jérôme.* — Musée du Prado. Madrid (n° 858).
Grand. nat. — 1^m87 × 1^m33.

313. *Saint Joachim et la Vierge.* — Musée de Valladolid.
Grand. nat. Laurent, photog.

314. *Saint Jean-Baptiste enfant.* — Hôpital de la Charité. Séville.
Pleine grandeur. Gravé par Boilly.

315. *Saint Jean-Baptiste enfant.* — Musée du Prado. Madrid (n° 858).
De la coll. du marquis de La Ensenada. Une répétition ou une copie était dans la coll. de la reine Isabelle Farnèse, au palais de San-Ildefonso. Gravé par Maura. Lith. par Camaron, Lemoine, Lafosse, de Belvedere, Maurin. — 1^m21 × 0^m99.

316. *Saint Jean-Baptiste enfant.* — Lord Heytesbury (Wiltshire).

317. *Saint Jean-Baptiste enfant.* — Western Wood. North Cray, Kent.

318. *Saint Jean-Baptiste enfant.* — Gustave Delahante. Paris.
0^m62 × 0^m53.

319. *Saint Jean-Baptiste enfant.* — National Gallery. Londres (n° 176).
Vente Simon-H. Clarke, 1840. Répliques à l'église de San-Isidore, à Séville, et à l'Ermitage. Gravé par Bacon, Stocks, Payne, Rogers, Stow, Casenave, Richeton, etc.

320. *Saint Jean-Baptiste enfant.* — Comte de Lovelace. East Horsley Tower, Surrey.
Gravé par Green.

321. *Saint Jean-Baptiste enfant.* — Comte de Duddley. Londres.
Vente Salamanca, 1867.

322. *Saint Jean-Baptiste enfant.* — Belvedere. Vienne.
Gravé par Blaschke, Gladitsch, Unger, Prenner.

323. *Saint Jean-Baptiste enfant.* — Duc de Sutherland. Londres.

324. *Saint Jean-Baptiste enfant.* — Stafford house. Londres.

325. *Saint Jean-Baptiste enfant.* — Grosvenor house. Londres.
Gravé par Davenport.

326. *Saint Jean-Baptiste enfant.* — Comte d'Elgin. Broom Hall (Fifeshire).

327. *Saint Jean-Baptiste enfant.* — George Vivian. Claverton Manor, Somerset.
Vente Hope, 1816.

328. *Saint Jean-Baptiste enfant.* — Musée National de Dublin (?).
Vente Koncheleff Besborodko, 1869. — 0^m63 × 0^m47.

329. *Saint Jean-Baptiste enfant.*
Vente Hamilton, 1882.

330. *Saint Jean-Baptiste enfant.* — Musée de Séville (n° 44).
Grand. nat. Laurent, photog. — 2^m25 × 1^m25.

331. *Saint Jean-Baptiste interrogé par les Juifs.* — Musée Fitzwilliam. Cambridge.
Grand. nat. Du couvent de San-Leandro, à Séville. Vente Thomas Purves, 1840.

332. *Saint Jean-Baptiste.* — William-C. Cartwright. Aynhoe (Northamptonshire).

333. *Saint Jean-Baptiste.* — George Cavendisch. Bentinek, Londres.

334. *Tête de saint Jean-Baptiste.* — Musée du Prado. Madrid (n° 887).
0m 50 × 0m 87.

335. *Tête de saint Jean-Baptiste.* — Sir Philip. Miles. Leigh Court (Gloucestershire).
Gravé par John Young.

336. *Saint Jean de Dieu portant un pauvre.* — Hôpital de la Charité. Séville.
Grand. nat. Une copie par Dauzatz dans la coll. Louis-Philippe. Laurent, photog.

337. *Saint Jean l'Évangéliste.* — Sir Philip. Miles. Leigh Court (Gloucestershire).
Grand. nat. Ventes Robit, 1801; Bryan, 1801; Henry Hope, 1816. Gravé par John Young.

338. *Saint Joseph et l'enfant Jésus.* — Musée de Séville (n° 45).
Grand. nat. De l'église des Capucins. Gravé par Abel Lurat. — 2m 26 × 1m 25.

339. *Saint Joseph et l'enfant Jésus.* — Duc de Montpensier. Séville, palais de San-Telmo.
A mi-corps. De la galerie Louis-Philippe. Laurent, photog. — 0m 79 × 0m 56.

340. *Saint Joseph et l'enfant Jésus.* — Duc d'Aumale. Chantilly.
Vente Louis-Philippe. Lith. Levasseur. — 0m 22 × 0m 17.

341. *Saint Joseph et l'enfant Jésus.* — Mrs. Lyne Stephens. Lynford Hall, Brandon, Norfolk.
Vente Louis-Philippe. Gravé par Lemoine, Cottin. Lith. par Geoffroy, Lasalle, Maggi, Prat, Dany, Lavigne, Maurin, Pingot, Lanjal, etc. — 0m 95 × 0m 81.

342. *Saint Joseph et l'enfant Jésus.* — Sir John Leslie. Londres.
Ventes Louis-Philippe, W. Cave, 1854; George Grote, 1872; John Wendell, 1879.

343. *Saint Joseph et l'enfant Jésus.* — Francis Cook. Richmond Hill.
Grand. nat.

344. *Saint Joseph et l'enfant Jésus.* — D. Roberto Kith y Somera. Séville.
Grand. nat. De la coll. D. José-Gregorio Rodriguez.

345. *Saint Joseph et l'enfant Jésus.* — Comte de Strafford. Wrotham Park, Herts.
Grand. nat.

346. *Saint Joseph et l'enfant Jésus.*
Grand. nat. Ventes Pourtalès, 1865; D***, 1869. Lith. par Gambarino.

347. *Saint Joseph et l'enfant Jésus.* — Don Antonio Zulueta. Cadix.
Grand. nat.

348. *Saint Joseph et l'enfant Jésus.* — Baronne Burdett-Couts. Londres.
Ventes Henry Hope, 1816; Samuel Rogers, 1856.

SUJETS RELIGIEUX.

349. *Saint Joseph et l'enfant Jésus.* — Mrs. William Gibbs. Tyntesfield (Gloucestershire).
Acquis en 1853 de Don Romero Balmaseda, à Séville.

350. *Saint Joseph et l'enfant Jésus.*
Vente Standish-Hoskins, 1864. — 1m69 × 1m10.

351. *Saint Joseph et l'enfant Jésus.* — George Tomline. Orwel Park. Suffolk.
Grand. nat.

352. *Saint Joseph et l'enfant Jésus.* — Sir W.-L. Feilden. Blackbrun (Lancashire).
Grand. nat.

353. *Saint Joseph et l'enfant Jésus.* — Ermitage.
A mi-corps. Acquis vers 1820. Gravé par Navia. — 0m70 × 0m51.

354. *Saint Joseph et l'enfant Jésus.* — Ermitage.
Donné par M. Cœsvelt. — 0m70 × 0m52.

356. *Sainte Justine.* — Stafford House. London.
A mi-corps. Gravé par Blanchard (unknown).

357. *Sainte Justine.* — Cathédrale de Séville.
Forme circulaire. Buste grand. nat.

358. *Sainte Justine.* — Comte de Dudley. Londres.
A mi-corps.

359. *Sainte Justine et sainte Rufine.* — Musée de Séville (n° 95).
Grand. nat. Lith. par Geoffroy. — 2m07 × 1m78.

360. *Saint Laurent.* — Cathédrale de Séville.
Forme circulaire. Grand. nat. Buste.

361. *Saint Léandre.* — Cathédrale de Séville.
Grand. nat. Laurent, photog. — 1m88 × 1m60.

362. *Saint Léandre.* — Cathédrale de Séville.
Forme circulaire. Buste grand. nat.

363. *Saint Léandre et saint Bonaventure.* — Musée de Séville (n° 83).
Personnages grand. nat. Laurent, photog. — 2m05 × 1m79.

364. *Sainte Marie-Madeleine.* — Musée du Prado. Madrid (n° 857).
Grand. nat. Lith. Henrique Blanco. — 1m53 × 1m21.

365. *Sainte Marie-Madeleine.* — Adolphe Carstamen. Cologne.
Grand. nat. Rapporté par M. Irvine du couvent des Capucins, à Gênes. — 1m37 × 1m16.

366. *Sainte Marie-Madeleine.* — Académie de San-Fernando. Madrid.
Grand. nat. Gravé par Simon Brieva.

367. *Sainte Marie-Madeleine.*
Vente Higgivron, 1860.

368. *Sainte Marie-Madeleine.* — Galerie Leuchtenberg. Saint-Pétersbourg.
Buste. Gravé par Muxel. Lith. par Schöninger.

369. *Sainte Marie-Madeleine.* — William Wells. Holmewood (Huntingdonshire).
   Grand. nat. Vente Louis-Philippe, 1853. Gravé par A. Collin.

370. *Sainte Marie-Madeleine.*
   Grand. nat. Ce tableau était autrefois au palais Bracciano, à Rome. Gravé par Morghen, Finocchi-Nocchi, Tofanelli, Balestia, Bovinet, Cecchi, Beretta, Dallon, Ruotte.

371. *La Conversion de saint Paul.* — Musée du Prado. Madrid (n° 871).
   Laurent, photog. — 1^{m}25 × 1^{m}69.

372. *Tête de saint Paul.* — Musée du Prado (n° 888).
   0^{m}50 × 0^{m}77.

373. *Saint Pierre pénitent.*
   Vente Soult, 1852. Peint vers 1678 pour l'église de l'hôpital des Vénérables. — 2^{m}12 × 1^{m}55.

374. *Saint Pierre pénitent.* — Francis Cook. Richmond Hill.
   Grand. nat. Vente Louis-Philippe.

375. *Saint Pierre prisonnier.* — Ermitage.
   Peint pour l'hôpital de la Charité, enlevé par le maréchal Soult. En 1835 il a été exposé quelque temps au Louvre. Vente Soult, 1852. — 2^{m}36 × 2^{m}60.

376. *Saint Pierre prisonnier.* — Duc de Wellington. Londres.

377. *Martyre de saint Pierre Arbuez.* — Ermitage.
   Peint pour le palais de l'Inquisition, à Séville, où il a été pris en 1804 par le prince de La Paix, qui laissa à sa place une copie exécutée par Joaquin Cortés. Acquis en 1831 pour le musée de l'Ermitage. Une copie à la cathédrale de Séville et une autre au musée de Cordoue. Gravé par Arteaga. Lith. par Robillard. — 2^{m}92 × 2^{m}06.

378. *Martyre de saint Pierre Arbuez.* — Vatican.
   Répétition du précédent. Rapporté d'Espagne en 1876.

379. *Saint Pierre Nolasque.* — Musée de Séville (n° 80).
   Grand. nat. Laurent, photog. — 2^{m}18 × 1^{m}55.

380. *Saint Philippe* (?). — M. de Guitaut. Paris.
   Six figures. Peint pour le couvent de San-Francisco, de Séville. Vente Soult, 1837. — 1^{m}74 × 1^{m}88.

381. *Saint Pie.* — Cathédrale de Séville, salle du Chapitre.
   Forme circulaire. Buste grand. nat.

382. *Saint Raphael.* — Galerie Leuchtenberg. Saint-Pétersbourg.
   Gravé par Muxel.

383. *Saint Rodrigue.* — Musée de Dresde.
   Grand. nat. Vente Louis-Philippe. Gravé par Buchel, Lauger, Bürkner. Lith. par Jullien.

384. *Sainte Rose de Lima.*
   Personnages aux trois quarts de grand. nat. Vente Salamanca, 1875. Gravé par Blas-Ametller. Lith. par Maurin. — 1^{m}68 × 1^{m}07.

385. *Sainte Rose de Lima.* — Frederick E. Church. Hudson, New-York.
   Répétition du précédent. Vente Shaw, 1873. De la galerie de don Aniceto Bravo.

SUJETS RELIGIEUX. 93

387. *Sainte Rose de Lima* ou *Sainte Rosalie*. — William Ralph Bankes. Kingston Lacy. Dorset.
Signé. Du marquis Ledosma of Granada. Gravé par Rico.

389. *Sainte Rufine*. — Stafford house. Londres.
A mi-corps.

390. *Sainte Rufine*. — Cathédrale de Séville.
Toile circulaire. Buste grand. nat.

391. *Sainte Thérèse priant*. — Sir William Stirling-Maxwell. Keir (Perthshire).
Vente Alton Towers, 1857.

392. *Saint Thomas de Villaneuva*. — Musée de Séville (n° 84).
Sept personnages. Provient de l'église des Capucins. Gravé par Jameson. — 2ᵐ90 × 1ᵐ92.

393. *Saint Thomas de Villanueva*. — Lord Ashburton. Londres.
Peint pour le couvent de Saint-Augustin, il fut vendu au prince de La Paix qui le donna au général Sebastiani. En 1814, il fut envoyé à la vente Buchnam. Il existe plusieurs copies : à la cathédrale de Cadix ; chez le duc de Montpensier ; la comtesse de la Mejorada ; D. Rodrigo de Quirios, et peut-être au musée de Lille (tableau dit : *Saint Roch partageant ses vêtements*). Gravé par Roman y Codina.

394. *Saint Thomas de Villanueva*. — Lord Ashburton. The Grange, Hauts.
Esquisse du précédent.

395. *Saint Thomas de Villanueva*. — Comte de Northbrook. Londres.
Esquisse. Quinze personnages. Vente Louis-Philippe, 1853. Peint vers 1678 pour le couvent de Saint-Augustin. Lith. par Pinçon.

396. *Saint Thomas de Villanueva*. — Sir Richard Wallace. Londres.
Vente William Wells, 1848.

397. *Deux moines franciscains*. — Francis Clare Ford. Londres.
Grand. nat. Peint pour le couvent des Franciscains de Séville.

398. *Brigand dépouillant un moine*. — M. Ch. Baudet. Le Havre.
Peint pour le couvent des Franciscains. Remporté par Soult et vendu en 1852. — 1ᵐ77 × 2ᵐ23.

399. *Bélisaire*. — Duc de Devonshire. Chatsworth (Derbyshire).

PORTRAITS

400. *Conde de Avalos.* — Comte de Caledon. Londres.
   A mi-corps. Grand. nat. Vente de Lady Hariett Daly. Dublin.
401. *Le Père Cavanillas.* — Musée du Prado. Madrid (n° 897).
   Buste. De la coll. Isabelle Farnèse. — $0^m76 \times 0^m62$.
402. *Don Luis de Haro* (?). — Robert S. Holford. Londres.
   Buste, dans un ovale.
403. *Don Diego Maestre.* — Don Nicolas Maestre. Séville.
   En pied. Grand. nat. — $2^m01 \times 1^m06$.
404. *Murillo.* — Comte Speneer. Arthorpe (Northamptonshire).
   A mi-corps, dans un ovale. Ventes Lawrence Dundas, Londres, 1794; comte de Ashburnham, 1850. Gravé par Collin, Calamatta, Ereda, Murray, Cooke.
405. *Murillo.* — Lord Leconfield. Petworth (Surrey).
   Ancienne coll. du colonel Wyndham.
406. *Murillo.* — Duc de Wellington. Londres.
407. *Murillo.* — Baron Seillière. Paris.
   Buste, dans un ovale. Ventes D. Bernardo Iriarte et Louis-Philippe. Gravé par Sichling, Blanchard, Adlard, Albuerne, Alegre. — $1^m08 \times 0^m76$.
408. *Murillo.* — John-W. Marshall. Londres.
   Vente Standish, 1853. — $0^m79 \times 0^m65$.
409. *Murillo.* — Francis Cook. Richmond Hill (Surrey).
410. *Murillo.* — Francis Cook.
   Buste.
411. *Le Fils de Murillo* (?). — Duc d'Albe. Madrid.
   En pied. A été présenté à la vente Berwick et d'Albe, 1877. Gravé par Lalauze. — $1^m97 \times 1^m08$.
412. *Don Justino Neve y Yevenes.* — Marquis de Lansdowne (Wiltshire).
   Grand. nat. Vente G. Watson-Taylor, 1823.
413. *Don Nicolas Omazurino.* — Robert-S. Holford. Londres.
   A mi-corps.
414. *Duc d'Osuna.* — Musée du Louvre, coll. La Caze (n° 29).
   Buste. Toile circulaire. — Diam. 0^m29.
415. *Duc d'Osuna.* — Robert-S. Holford. Londres.
416. *Don Francisco de Quevedo Villegas.* — Louvre, coll. La Caze (n° 28).
   Buste. Toile circulaire. — Diam. 0^m29.

PORTRAITS. 95

417. *L'Archevêque Ambroise Ignace Spinola.* — Stafford House. Londres.
Buste grand. nat. dans un ovale. Vente Altamira (?), Londres, 1833.

418. *Portrait d'homme (Murillo)* (?). — Musée de Pesth.
Buste. De la galerie Esterhazy. Gravé par Rajou.

PORTRAIT DE MURILLO, PAR TOBAR.
(Musée de Madrid.)

419. *Don Andrès de Andrada.* — Comte de Northbrook. Londres.
Grand. nat. Vente Louis-Philippe. Une copie par Gutticrez à l'Académie de San-Fernando, à Madrid.

420. *Comtesse de Avalos.* — Comtesse de Caledon. Londres.
A mi-corps. Grand. nat. Vente de Lady Harriet Daly.

421. *La Mère Francisca Dorotea Villalda.* — Cathédrale de Séville.
Buste grand. nat. Peint en 1674 et donné à la cathédrale par le chanoine Juan de Loaisa.

422. *Doña Juana Eminente.* — J.-C. Robinson. Londres.
Buste. Vente Louis-Philippe (présenté comme étant un Velazquez).

423. *Doña Maria Felices.* — Don Nicolas Maestre. Séville.
   En pied, grand. nat. — 2ᵐ01 × 1ᵐ06.

424. *Portrait de femme (la femme de Murillo)* (?). — Sir William Stirling Maxwell. Keir (Pesthshire).
   A mi-corps. Ventes Lucien Bonaparte, 1816, et Richard Sanderson, 1848. Gravé par Pistrucci.

PAYSAGES ET NATURE MORTE

425. *Paysage.* — Musée du Prado. Madrid (n° 898).
   Lith. par P. de Léopol. — 0ᵐ95 × 1ᵐ23.

426. *Paysage.* — Francis Cook. Richmond Hill, Surrey.

427. *Paysage.* — Musée du Prado. Madrid (n° 899).
   0ᵐ95 × 1ᵐ23.

428. *Paysage.* — Walter Bromley Davenport. Londres.
   Vue du Manzanarès. Du Palais royal de Madrid. Vente Bulkely Owen, 1868.

429. *Paysage.* — W. Graham. Londres.

430. *Nature morte.* — Sir William Stirling-Maxwell. Keir (Perthshire).
   Grenades et raisins. Vente Brackenbury, 1848.

431. *Nature morte.* — José M. Asensio. Séville.
   Une muraille contre laquelle sont suspendus divers fragments de papier et des dessins. Signé et daté, 1678. — 0ᵐ94 × 0ᵐ76.

SUJETS DIVERS

432. *Jeune Mendiant.* — Musée du Louvre (n° 547).
   Peint vers 1650. Ventes Gaignat, 1768; Sainte-Foy, 1782. Gravé par Boutrois, Masson, Jazet, Chataigner, L'Hôtellier. Lith. par Engelmann, Langlumé, Marigny.

433. *Jeune Garçon.* — National Gallery. Londres.
   Buste. Vente marquis de Lansdowne, 1806. Donné au Musée en 1826 par M. Zachary. Gravé par Rogers, Humphreys, Watt, Ward.

434. *Jeune Garçon.* — Ermitage.
   A mi-corps. Vente de Choiseul, 1772. Gravé par Weisbrod. Lith. par Dollet. — 0ᵐ74 × 0ᵐ60.

SUJETS DIVERS.

435. *Jeune Garçon.* — Ermitage.
   A mi-corps. Anc. coll. Paez de la Cadeña. — 0m 61 × 0m 49.
436. *Jeune Garçon.* — Musée de La Haye.
   Buste. — 0m 43 × 0m 38.
437. *Jeune Garçon.* — Comte de Lousdale, Louther Castle (Westmoreland).
438. *Jeune Garçon.* — Abraham-J. Robarts. Londres.
   A mi-corps.
439. *Jeune Garçon.* — Comte de Warwick. Warwick Castle (Warwickshire).
440. *Jeune Garçon.* — Mrs. William Gibbs. Tyntesfield (Somerset).
   A mi-corps. Grand. nat. Vente Lord Northwick, 1859.
441. *Jeune Garçon.* — Comte d'Elgin. Broom Hall (Fifeshire).
442. *Jeune Garçon.* — Comte de Northbrook. Londres.
   Buste. Panneau. Des coll. Lebrun et Sir Thomas Baring.
443. *Enfant endormi.* — Comte de Northbrook. Londres.
   Grand. nat.
444. *Jeune Garçon, El Vinatero.*
   A mi-corps. Autrefois au Palais royal de Madrid. Gravé par Carmona.
445. *Jeune Garçon buvant.* — National Gallery. Édimbourg.
   Légué par Lady Murray.
446. *Jeune Paysan, l'Enfant à la tourte.*
   Vente Aguado, 1843. Gravé par Blanchard. — 0m 97 × 0m 83.
447. *Jeune Fille offrant des fleurs.* — Dulwich Gallery.
   Trois quarts de grand. nat. Ventes Blondel de Gagny, 1776; Calonne, 1795. Gravé par Robinson, Lightfoot, Graves, Payne, Cockburn, Cousen.
448. *Paysanne.* — Ermitage.
   A mi-corps. Gravé par Weisbrod. Lith. par Dollet. — 0m 74 × 0m 60.
449. *Jeune Paysanne galicienne.* — Musée du Prado. Madrid (n° 893).
   Ancienne coll. Isabelle Farnèse. Lith. par Blanco. — 0m 63 × 0m 43.
450. *Marchande de poissons.* — Lady Cranstoun. Londres.
   Grand. nat. Vente Aguado, 1843 (?). Gravé par Blanchard.
451. *La Servante.* — Robert-S. Holford. Londres.
   Buste grand. nat.
452. *La Servante.* — Stafford house. Londres.
   Buste, ovale. Donné par le maréchal Soult à la duchesse de Sutherland.
453. *Tête de Bacchante.* — William Wells. Holme Wood (Huntingdonshire).
454. *Vieille Femme filant.* — Musée du Prado. Madrid (n° 892).
   A mi-corps. De la coll. Isabelle Farnèse. Lith. par Blanco. — 0m 61 × 0m 51.
455. *Vieille Paysanne.* — J. Landon. Londres.

456. *La Vendangeuse, la Vendemiadora.*
Autrefois au Palais royal de Madrid. Gravé par Carmona.

457. *Deux Jeunes Garçons.* — Galerie de Dulwich.
Gravé par Say, Rogers, Stephenson, Cousen.

458. *Deux Jeunes Garçons mangeant un melon.* — Musée de Munich.
Du musée de Mannheim. Gravé par Carse. Lith. par Piloty.

459. *Deux Jeunes Garçons mangeant des raisins et du melon.* — Musée de Munich.
Du musée de Mannheim. Gravé par Langlois, Payne. Lith. par Piloty.

460. *Deux Jeunes Garçons mangeant des raisins et du melon.* — John Balfour. Balbimir (Fifeshire).
Répétition du précédent.

461. *Deux Jeunes Garçons mangeant des raisins et du melon.* — Walter R. Banker. Kingston Lacy, Dorset.

462. *Deux Jeunes Garçons mangeant des raisins et du melon.* — Robert N. Sutton. Scawby (Lincolnshire).

463. *Jeunes Garçons jouant aux dés.* — Akademia der Bildenden Kunst. Vienne.
Une répétition au musée de l'Ermitage. (Attribué à Villavicencio.) Gravé par Klaus, Bock. — 1ᵐ 48 × 1ᵐ 14.

464. *Ésaü vendant son droit d'aînesse à Jacob.* — Comte Harrach. Vienne.
A mi-corps.

465. *Deux Jeunes Paysannes comptant de l'argent.* — Musée de Munich.
Gravé par Pichler, Hauber, Armytage, Payne. Lith. par Piloty, Wiedenhaum.

466. *La Jeune Fille et la Duègne, las Gallegas.* — Lord Heytesbury (Wiltshire).
Acquis en 1823 du duc de Almodovar. Gravé par Joaquin Ballester, Nichols.

467. *La Jeune Fille et la Duègne, las Gallegas.* — Héritiers de H.-A.-J. Munro.
Gravé par Bromley.

468. *Célestine et sa fille en prison.* — Ermitage.
Donné au Musée par le grand chambellan Dimitry Tatistchef. — 0ᵐ 41 × 0ᵐ 59.

469. *Une Vieille Femme et un jeune garçon.* — Musée de Munich.
Gravé par Pichler, Hauber, Weis. Lith. par Piloty.

470. *Une Vieille Femme et un jeune garçon, la Vieja.* — Duc de Wellington. Londres.
Vente J. Proctor Anderdon, 1847.

471. *Une Vieille Femme et un jeune garçon, la Vieja.* — Comte Dudley. Londres.
Vente Salamanca, 1867.

472. *Une Vieille Femme et un jeune garçon, la Vieja.* — Duc de Padoue.
1ᵐ 35 × 1ᵐ 07.

473. *Une Femme buvant et portant un enfant.* — Sir William Stirling-Maxwell. Keir (Perthshire).
Grand. nat. Esquisse d'une des fig. du tableau de la *Caridad : Moïse frappant le rocher.*
474. *Trois Jeunes Garçons.* — Musée de Dulwich.
Gravé par Cooper (unknown).
475. *Trois Jeunes Garçons jouant aux dés.* — Musée de Munich.
Gravé par Langlois, Piloty.
476. *Trois Mendiants mangeant.* — Hill-M. Leather. Heningfleet Hall. Lowestoft, Suffolk.
Grand. nat. De la coll. Godolphin.
477. *Quatre Jeunes Garçons.* — Musée de Munich.
Gravé par Payne. Lith. par Piloty, Flackenecker.
478. *Quatre Jeunes Garçons, Enfants du peuple.*
A mi-corps. Vente Soult. Peut-être maintenant en possession de M. Seillière, à Paris.

La Sainte Famille, dite « a l'Oiseau ».
(Musée de Madrid.)

ACHEVÉ D'IMPRIMER

PAR

G. GOUNOUILHOU, A BORDEAUX

LE XXV NOVEMBRE M.DCCC.XCI.

BORDEAUX. — IMP. G. GOUNOUILHOU.

www.ingramcontent.com/pod-product-compliance
Lightning Source LLC
Chambersburg PA
CBHW070246100426
42743CB00011B/2152